Der richtige Umgang mit einem Österreicher

Thomas Rhomberg

Der richtige Umgang mit einem Österreicher

Ausgezeichnet mit der
„Goldenen Mozartkugel"

Edition Straubinger beim Verlag Orac
Wien–München–Zürich

Impressionen

Schöpfung:Thomas Rhomberg
Prominenteninterviews: Dominik Schörghuber
Übersetzung: Leo Mazakarini
Auflage: Gedacht für jeden Haushalt

Für den Inhalt freiwillig verantwortlich: Wie immer keiner.
Urheberrechte dennoch geschützt.

Alles, was Recht ist, bleibt vorbehalten. Wiedergabe in Funk & Fernsehen, Print, Verfilmung in Hollywood sowie auszugsweiser Nachdruck vorbehaltbar bedenklich.

Beschränkt vorbehalten sind auch unbeabsichtigte Verbreitung durch Alpträume sowie Redefreiheit unter Verwandten und Bekannten. Das Buch ist nach dem Lesen mittels immanentem Selbstzerstörungsmechanismus zu vernichten. Nach Übergießen mit Benzin und entsprechender Anfeuerung verbrennt es ohne Ihr Zutun wie von selbst. Aus dem Band wird ein Brand.

Alle mit * gekennzeichneten Bildlegenden sind Interpretationen des Autors. Gastkommentare sind in der Regel wörtlich wiedergegebene Kernsätze aus − zum Teil umfangreichen − Interviews.

2. Auflage

ISBN: 3-7015-0263-3
Copyright by Edition Straubinger
Vertrieb im deutschsprachigen Raum: Verlag Orac
im Verlag Kremayr & Scheriau, Wien
Alle Rechte vorbehalten
Layout: Franz Hanns
Satz: Rathausky & Partner, Wien
Lithos: Andruck & Repro, Wien
Druck und Bindearbeiten: Grafischer Großbetrieb Friedrich Pustet, Regensburg

Inhalt

MUSS MAN DENN
IN ÖSTERREICH
ERST TOT SEIN,
DAMIT SIE EINEN
LEBEN LASSEN?

GUSTAV MAHLER

Ehrenschutz

Hiermit erkläre ich anstatt eines Eides, daß sämtliche prominente Zeitgenossen, die dieses Buch mit ihren Beiträgen und Statements denkenswerterweise verdichteten, nichts vom revolutionär geistreichen noch vom völkerverbindenden übrigen Inhalt gewußt, geschweige geahnt haben.

Auch wenn bekanntermaßen Unwissenheit nicht vor Strafe schützt, bitte ich alle Leser, diese Menschen vor Verfolgung in Schutzhaft zu nehmen und ihnen gegebenenfalls Asyl zu gewähren.

Xaver Max „Burle" Justizianov-Paragraphitsch-Causalevsky *

---

* Name theoretisch bekannt, praktisch aus Sicherheitsgründen unmerklich verändert.

Öseliges

Der richtige Umgang mit lebenden Menschen ist die wahrscheinlich wichtigste Grundlage für ein erfolgreich erfülltes, glückliches Leben und einen stabilen Magen.

Die Spezies „Österreicher", von der dieses Buch überraschenderweise handelt, steht schon viel zu lange im Schatten der Ostfriesen. Dieser Ungerechtigkeit massiv entgegenzuwirken, ist eine der vordringlichen Aufgaben dieses Werkes, kurz *Meisterwerk* genannt.

Größte Bedeutung bei der Beschreibung von *Land und Meute* kommt meinem Grundsatz zu, keine Späße auf Kosten anderer zuzulassen. Aus diesem Grund habe ich mich entschlossen, Späße ausschließlich auf eigene Kosten, also auf die der eigenen Landsleute, zu machen: Hintergründig-kaustisch-lachhafter Humor mit dem Opfer „Österreicher" oder *ÖSEL,* wie ihn die Deutschen – abgeleitet vom schwer belasteten Schlepptier – liebevoll nennen.

> *Schimpfen über die Österreicher soll man die Österreicher selber lassen.*

Heinz Werner Schimanko, *Moulin-Rouge-Betreiber*

Luxusbuch oder Bibel

Um ein völlig *normales* Leben zu leben, ist der Genuß dieses Buches wie der des russischen Kaviars völlig überflüssig. Sie halten aber ein Luxusbuch in Ihren Händen, also einen Gegenstand, der nicht lebensnotwendig ist, es Ihnen aber ermöglicht, die Dinge von außen zu betrachten, über den Dingen, beziehungsweise *daneben* zu stehen. Sie

11

werden diese Lektüre nicht vermissen, wenn sie Ihnen fehlt. Aber sie wird Ihnen fehlen, wenn Sie sie vermissen.

Ich selbst bezeichne dieses Buch gerne als eine Art zeitgerechte Bibel; als eine Botschaft, die in jedem Haushalt mehrfach aufliegen sollte. Bibel auch deshalb, weil ich befürchten muß, daß ich schon bald nach dem Erscheinen mein altes gegen mein neues Testament austauschen muß.

Luxusbuch, Bibel und Leerbuch

Sie sollen beim Lesen, wenn ich dieses Wort im Zusammenhang mit diesem Buch verwenden darf, sich lernend *beleeren* lassen. Beweisen Sie Rückgrat beim Erlernen des Einmaleins im richtigen Umgang mit dem Österreicher. Denken Sie jedoch daran: Sie müssen nicht alles mitschreiben, was Sie lesen. Mitdenken ist schwierig genug.

Aufnahmeprüfung

Sie, der Auszubildende, haben sich mit dem Kauf dieses Buches freiwillig dazu entschlossen, eine *Leere* anzutreten. Durch diesen vernünftigen Schritt zur Selbstfindung sind Sie in der Hierarchie dieses Landes bereits zum gesuchten *Leerling* aufgestiegen und verdienen damit monatlich schon fiktiv über eintausend Schilling netto auf die Hand. Herzlichen Glückwunsch.

Zahlreiche nach modernsten *pädalogischen* Grundsätzen aufgebaute Übungen werden Ihren unaufhaltsamen gesellschaftlichen Werdegang vom Leerling zum umgangtauglichen *Zauberleerling* sicherstellen.

Was sind nun diese modernsten *pädalogischen* Übungen? Jedenfalls keine trockenen, theoretischen Tests, sondern spielerische, unterhaltsame Spielereien.

$$\sqrt[\pi]{x^3 \cdot 2y^5 + (3xy^2 - 5y)^{21} \cdot \sqrt[ok]{xy\ ungel.}} =$$

Kommen Sie zum richtigen Ergebnis, sind Sie zum Rechnen fähig. Rechnen Sie jedoch mit keinem Ergebnis, so gelten Sie hierzulande als unzu-rechnungs-fähig. Dadurch wird alles viel einfacher für Sie.

Pflichtbuch

Auf Grund der unumgänglichen Österreicher halte ich es für notwendig, zu fordern, daß dieses Buch an sämtlichen staatlichen Leeranstalten als Pflichtbuch eingesetzt wird. Hier ein Auszug meines diesbezüglichen Briefes an den Herrn Bundespräsidenten:

Deshalb fordere ich Sie freundlichst ultimativ auf, Ihr ganzes Gewicht nicht in Szene, sondern auf mein Anliegen zu setzen!

Hochachtungsvoll

Kein *Mannifest*

Verehrte Leserin! Ihr Autor ist nicht frauenfeindlich, ganz im Gegenteil. Viel lieber hätte er über Frauen wie Sie geschrieben. Aber das Gebot der Stunde verlangte nach einer Bibel.

Dieses Luxus- & *Leerbuch*, diese Bibel & Botschaft, ist kein *Mannifest*. Österreicher sind gleichsam Österreicherinnen, strenge Herren, auch strenge *Herrinnen*, sanfte Brüder, auch sanfte *Brüderinnen*, er ist auch sie, alle sind bi. Ich wünsche nun allen viel Erfolg beim Lesen, damit auch Sie in Bälde *erlesen* sind, in Österreich zur Auslese anstatt zur Spätlese zu zählen.

Land und Meute

Wissen Sie, was ich nicht mag? Leute, zu denen ich mich auch zähle: Leute, die sich eines Themas annehmen, ohne über das notwendige Basiswissen zu verfügen. Beispiel: Tageszeitungs-Karikaturisten ohne politisches Profil, Werbetexter ohne Produktkenntnis oder geistliche Sexualberater. Vor Jahren habe ich mich im Anschluß an eine Hypnoseshow darin versucht, meine Freundin zu hypnotisieren. Für *das erste Mal* war das Ergebnis zwar nicht schlecht: sie schlief ein. Aber grundsätzlich war das Unternehmen von vorneherein zum Scheitern verurteilt.

Damit wir nicht in ein ähnliches Dilemma in Sachen „richtiger Umgang" geraten, enthält dieses Buch auch unumgängliches Basiswissen als Voraussetzung eines zwar unwahrscheinlichen, aber doch möglichen Verständnisses der komplexen Zusammenhänge.

Die Lage des Landes

99 *Für einen Bremer ist Österreich schon der halbe Balkan!* **66**

Hans Joachim Kulenkampff

Österreich ist eine Insel von Austroländern, umringt von einem Meer von Fremdländern. Unglaublich viele verschiedene Länder und damit unglaublich viele verschiedene Arten von Ausländern grenzen an dieses kartographisch winzige Land mit der Form eines unförmigen Wiener Schnitzels.

Ich werde versuchen, Ihnen diese Fremdländer aufzuzählen. Schon im vorhinein bitte ich Sie um Verzeihung, sollte ich das eine oder andere Land vergessen. Geographie, Geschichte und Mathematik waren nie meine Lieblingsfächer[1] in der Schule. Bei der Aufzählung der neun Bundesländer ergaben sich in meiner Gymnasialzeit stets nur acht. Das eine, das ich vergaß, war deshalb so schwer faßbar, weil es stets ein anderes war.

Heute bin ich allerdings überzeugter Anhänger derer, die an die Existenz von neun Bundesländern glauben. Keine Angst, als solcher Glaubensanhänger gehöre ich keiner Sekte an. Es handelt sich lediglich um eine Gruppe gleichgesinnter Individuen, die in einer untereinander abgestimmten Kommunikationsform eine Übereinkunft getroffen haben, die auf der Grundlage der Existenz von eben neun österreichischen Bundesländern beruht. Sie sehen, das alles ist völlig harmlos.

Würden nun allerdings 4,5 Milliarden Menschen dieses Planeten nach dem Aufzählen der neun Bundesländer behaupten, daß es rein rechnerisch betrachtet nur deren acht sind, entstünde aus der obgenannten Gruppe gleichgesinnter Individuen plötzlich doch eine Sekte, da die meisten Mitglieder schließlich die Meinung der 4,5 Milliarden Planetarier übernehmen würden.

Nach diesem für Sie sicherlich *leerreichen* Ausflug in Spezialgebiete der Wirklichkeitsforschung nun zurück zum Thema, zur Lage der Nation.

Die acht bis neun österreichischen Bundesländer grenzen unter anderem an die Banken der Schweizer, an hohe Deutsche, rassige Italiener, an die Briefkasten der Liechtensteiner, ungarische Gulaschsuppen, individualistische Jugoslawen und an die Tschechen, die zum Teil Slowaken sind.

---

[1] Auch nicht Buchhaltung, Französisch, Latein, kaufmännisches Rechnen, Deutsch, Chemie und Physik

Die Abgrenzung zu Deutschland und der Schweiz, gezogen von der österreichischen Kabarettgruppe „Die Hektiker":

Auf den Schmäh kommt es an. Die Berliner haben vielleicht a bißl einen, der Rest von Deutschland hat Null Schmäh. Die Schweizer, die uns in vielen Dingen ein Vorbild sein könnten, sind in punkto Schmäh das Letzte. Wenn wir in der Schweiz leben würden, wir wären arbeitslos. Wir würden jeden Abend vor zwanzig Zuschauern spielen, die uns fassungslos anstarren würden, oder in einem Zoo landen, wo sie uns dann befühlen würden und so. Absolut exotische Zombies.

„Grenzsicherung 2000", die österreichische Antwort auf „SDI"

Das Bundesheer, skizziert von Schriftsteller Peter Lodynski

Das Bundesheer ist nicht so angriffsstark. Unsere Geheimwaffe ist das Heer der Beamten. Die haben in dem Maße zugenommen, in dem die Fläche des Kaiserbeamtenstaates abgenommen hat. Heut ist's ja schon so: einer arbeitet – neun bearbeiten ihn!
Nehmen wir den Ernstfall an: Der Chinese nähert sich der Grenze unseres kleinen Landes. Dort, im Hinterhalt versteckt, lauert bereits das 3. Referentenbataillon . . . Plötzlich taucht es auf: eine MannanMannReferentenEndloskette riegelt unsere Grenze hermetisch ab und

18

ruft in mächtigem Chor „Parteienverkehr ausnahmslos Montag, Mittwoch, Freitag von 8–12!" Mit dem Schlachtruf „Lang lebe die Tintenburg!" erscheint eine Unmenge Ärmelgeschoner, zückt brutal Lochmaschinen, bläst Staubwolken von Aktenbündeln und droht mit Antragsformularen . . . So was hat der Chinese noch nie erlebt. Unter hysterischen Schreien ergreift er die Flucht und kommt nie wieder![2] 66*

Mengenlehre

Im Bundesgebiet leben die Österreicher Kopf an Kopf (als Kompliment zu verstehen) und zählen geschätzte 7,5 Millionen *Bundesbügel*. Zahlreiche dieser *Bundesbügel* kommen in der Wintersaison an Skiliften zum Einsatz.

Die Sprache

Die landesübliche Sprache ist *Austrianisch,* auch *Austriakisch* genannt. Weiteres dazu im eigens für Sie konstruierten Kapitel „Sprache".

Die Landesnatur

Österreich ist ein Alpenland. Der höchste Berg ist der Großglockner, ein Wahrzeichen und Sinnbild männlicher Fruchtbarkeit.

Der Landesname

Österreich kommt von Osterreich (siehe Kapitel „Schöpfungsgeschichte"). Davor: Oster-Reic, Osta-Reic, Osta-Ric, Costa Ric, Costaric, Costa Rica.

Das Wahrzeichen

Was in Paris der Eiffelturm, in London die Towerbridge und in New York die Freiheitsstatue, ist in Österreich der Dorfbrunnen der Gemeinde Edelschrott, aus dem einst der berühmte Xaver Müller trank.

---

[2] Zitat aus dem Buch „Wien von hinten", Amalthea-Verlag

Geschichte: Die österreichische *Hysterie*

Österreich war ein Land der Monarchen, *Graf Bobby* wohl der populärste. *Jacobs, der Monarch,* regiert immer noch. Wie übrigens auch die *Prinzenrollen*.

Im folgenden eine *historische* Aussage des Malers Ernst Fuchs.

❝ *Im Laufe meines Lebens hat das Österreicher-Sein schon oft eine Änderung erfahren. Ich kann mich erinnern, als ich ein Kind war, in der Ersten Republik, da waren die Österreicher doch sehr viel unter sich. Der Kaiser Franz Josef war noch immer unsichtbar die Majestät über allen Majestäten, und die ganzen klassenbezogenen Auszeichnungen waren sehr wichtig.*
Das Gesellschaftsbild war sehr geschlossen, es gab meines Wissens kaum eine Reflexion, wie Österreich vom Ausland gesehen wurde. In der Monarchie war das Land ja so groß, daß man Österreicher unter Österreichern war, egal ob man sich in Venedig oder anderswo befand. Und alle diese Grundzüge der Monarchie im Verkehr wurden beibehalten, obwohl es ganz plötzlich vom Weltreich in ein unbedeutendes, kleines Ländchen abgekippt ist, mit einer riesigen, aber verwahrlosten Stadt. Wien war ausgestorben, aber nicht leer, im Gegenteil, alles war auf der Straße. Korso war noch am Ring, auch das war ein wesentlicher Bestandteil des Österreicher-Seins, da jeder jeden kannte beim Promenieren. „Grüß Gott, Herr Direktor, Herr Filialleiter, küß die Hand . . .“ Es war kein Zufall, daß man einen Ständestaat zumindest anvisiert hat, das hat sehr gut zu Österreich gepaßt. Das Bewußtsein damals war noch stark monarchistisch geprägt, selbstverständlich unbewußt, man fühlte sich einfach anders. Die wenigsten haben sich bewußt Rechenschaft abgelegt, was mit Österreich passiert ist. Es wurde ihm der zweite Kopf genommen, diesem Doppeladler, und der eine Kopf war noch immer des Glaubens, der Kollege nebenan ist noch da.
Und die Veränderung während des Krieges war dann die, daß dem Österreicher das Bewußtsein genommen wurde, etwas Besonderes zu sein. Da wurde er zum Ostmarker, zu einer Mark im großdeutschen Reich. Und der republikanische Adler ist ja ein heruntergekommenes Viech, wenn man ihn so anschaut. ❞

Zeichnung: „Gerry" Teigschl

Ötypus, der Typus austriacus

Über Wirkung und mögliche unerwünschte Nebenwirkungen im Umgang mit dem ÖTYPUS informieren Sie diese Gebrauchsinformation, Analytiker oder Taxilenker.

Es ist wohl die schwierigste Aufgabe, die je an einen Menschen gestellt worden ist: eine für alle Österreicher gültige Typenbeschreibung, eine Art Typenschein, zu entwerfen. Vor allem meine sachliche *Kompotenz* ist allerdings Garant für ein diesbezügliches Gelingen.
Man darf sich nicht damit zufriedengeben, festzustellen, der Österreicher sei ein Mensch wie alle anderen Menschen auch. Es reicht nicht aus, zu sagen, der eine sei so, der andere so. So oder so, eine möglichst genaue Eingrenzung, Einzäunung, Vergatterung, ist hier erstaunlicherweise gelungen, vor *All-gemeinerungen* muß jedoch aufdringlichst gewarnt werden.
Die folgende Analyse, die *Ötypisierung,* die Suche nach der Ö-NORM, ist in den Grundzügen so exakt getroffen, daß ich mir vor lauter Freud überlegt habe, unter dem Pseudonym Thomas Freud das Werk *„ÖTYPUSSI*[1]*"* zu veröffentlichen.

Typenschein: Bildbeschreibung des ÖTYPUS

Der anhand der Schöpfungsgeschichte erklärbare, häufig in Eierform auftretende Kopf, wird eingegrenzt durch seitlich mehr oder minder

---

[1] Nicht zu verwechseln mit ÖDIPUS, obwohl Übereinstimmung in Sachen „Blendung" besteht.

abstehende, aerodynamisch muschelförmige Hörgewächse, welche durch regelmäßiges Gießen ihr Wachstum nicht fortsetzen. Die Vorderansicht beschert dem Betrachter, von oben nach unten gesehen, eine Plattform (Stirn), unter der gewölbte Haarbüschel den wiederum darunterliegenden Aushöhlungen mit eingebetteten, murmelähnlichen Sehgebilden einen Schweißschutz bieten.

Eingemittet befindet sich ein rüsselförmiges Riechobjekt, an dessen Ende sich zwei tunnelförmige Öffnungen auftun. Unter diesem *Staubsauger* wölbt sich die Haut und *lippt* damit den menschlichen Naßbereich *ein*, der beim ÖTYPUS meist offensteht. Den glorreichen Abschluß der vorderen Gesichtshälfte bildet das nach dem Ur-ÖTYPUS, dem „Kinnskopf" benannte Kinn, welches häufig in doppelter Form auftritt.

PATRIARCH
klassisch, Austromarxist.

BETRIEBSKAISER
Gewerkschafter,
Mercedesfahrer

VOLKSTRIBUN
aufwühlend,
mitreißend.

BURGENLÄNDER
? ? ?

EIERKOPF
Theoretiker, Ideologe,
Intellektueller

Ö-NORMTYP
graue Maus,
Apparatschik

STARKER MANN
autoritär,
zupackend

INTEGRATIONSFIGUR
vielseitig, Tausendsassa

„Die Suche nach dem Prototyp." Zeichnung: Dieter Zehentmayr

24

Der ÖKOPF sitzt, bedingt durch den darüberliegenden Naß- und Staubsaugerbereich, auf einem rohrigen Abflußhals, der das Aufgesaugte in den Rumpf weiterleitet. An diesem befestigt sind geschlechtsbezogen vier bis fünf Gliedmaßen, dessen Enden jeweils fünf Ästelungen beziehungsweise eine Eichelung aufweisen.

Erkennungsmerkmale des ÖTYPUS

Am einfachsten erkennt man den geborenen Österreicher an seiner Geburtsurkunde.

Der Paradeösterreicher

Definiert von Bestsellerautor Hans Pretterebner („Der Fall Lucona"):

❞ *Udo Proksch war der Österreicher schlechthin in seiner Ausdrucksweise, das heißt, er hat bis zum Exzeß den Wiener Schmäh und den österreichischen Charme beherrscht und ihn ausgespielt. Das Phänomen Udo Proksch lag in erster Linie darin, daß jene, die sozusagen an der Spitze der Gesellschaft, Wirtschaft und Kultur standen, in ihm ihren Hofnarren erblickten. Und er hat diese Rolle freiwillig und gern gespielt. Diese Leute haben nur eines nicht bemerkt, daß sie für Udo Proksch auch die Hofnarren gewesen sind. So etwas ist nicht in allen Ländern möglich, da die Mentalität der Bevölkerung nicht überall so ist, daß dieses Wechselspiel jederzeit anerkannt wird.* **❝**

Charakter-Züge

Der ÖTYPUS ist größtenteils ein zufriedener Mensch. Er pflanzt an, pflanzt sich fort und pflanzt seine Mitmenschen, bis er sich eines natürlichen Tages selbst gepflanzt fühlt.

Er kauft ein Auto, baut ein Haus, gründet eine Familie, kauft einen Fernsehapparat, ein Fahrrad, eine Geschirrspülmaschine, einen Videorecorder, eine Satellitenantenne im Kombiangebot mit einer Kiste Bier und Erdnüssen, einen Perser-Teppich (der einzige erwünschte „Ausländer"), eine Waschmaschine, eine Videokamera, ein zweites Auto, einen zweiten Fernseher für die Kinder, Schlaftabletten gegen das Kindergeschrei, eine stärkere Stereoanlage.

Er gründet ein Sparbuch, baut Geld an, zahlt vorbeugend seine Pensionsversicherung, kauft eine Brotschneidemaschine, 124 Paar Schuhe, zwölf (?) Unterhosen, eine Taucherbrille samt Flossen, Silvesterraketen . . . und stirbt irgendwann mit der traurigen Erkenntnis, es nicht zu einem elektrischen Dosenöffner *gebracht* zu haben.

Immerhin: Er hat im Sinne der Gesellschaft anständig unauffällig gelebt, war immer rasiert oder geschminkt, hat sich nie gehen lassen . . . außer dem einen Mal im Sterbebett. Über die Entsorgung des durch ihn angehäuften Erbmülls streiten sich nach seinem *verdienten* Tod die Kinder.

Mit Schirm, Charme und Zitrone

Schriftsteller Milo Dor, geborener Milutin Doroslovac, ein profunder Kenner des Österreichertums, sieht den österreichischen Charakter überlagert von „Klischees, die nicht stimmen":

❝ *Zum Beispiel die Liebenswürdigkeit und der Charme, beides ist nur eine Täuschung, eine Maske, hinter der sich Menschenverachtung und Skepsis verbirgt. Denn Liebenswürdigkeit kostet ja nichts und was er sich denkt, denkt der Österreicher für sich.*

Das ist dieser Domestikengeist, der hervorgegangen ist aus der großen feudalen Zeit. Man tut liebenswürdig, und im Hinterkopf werden ganz andere, düstere Gedanken gehegt. Gegenüber dieser Doppelgesichtigkeit bin ich furchtbar mißtrauisch, frage mich: ‚Was will der wirklich von mir?'

Ein Vorteil dieser Skepsis und Liebenswürdigkeit ist, daß man sich selbst in Frage stellt, sich nicht allzu ernst nimmt. Das ist auch durch die Geschichte bedingt: Wir sind aus der Geschichte verdrängt worden oder freiwillig ausgestiegen, wir haben den Untergang schon hinter uns, während die anderen die Katastrophe erst vor sich haben. Und das ist dann schon eine leichtere Art zu leben. ‚Es ist alles nicht wahr', wie Nestroy gesagt hat. ❞

Die Sauna-Erkenntnis oder
Nichts als die nackte Wahrheit

Wie weit es auch jemand gebracht haben mag, zum Zöllner oder zum Zölibat, zum Polizisten oder Politiker, zur Dirne oder Direktorin, an einem für Erfolgsmenschen schmachvollen Ort (Sau-na) sind alle Österreicher gleichberechtigt. Ob Mercedes oder Ö-Trabi, ob Cabrio oder Karies: Die Sauna widerspiegelt äußerlich die nackte Wahrheit und eignet sich aus diesem Grund hervorragend für ein *hochgradiges* ÖTYPUS-Studium.

Sind Österreicher Nasenbohrer?

Das selbstbefriedigende Nasenbohren, die *ÖNASIE,* ist absolut nichts Negatives, im Gegenteil. Es tut jedem Menschen gut, wenn er gelegentlich in sich geht, auf der Suche nach seinem (t)rotzigen Ich. Österreicher bohren sich ängstlich viel, aber viel zu ängstlich. Die weitverbreitete Männermeinung, daß häufiges *Önasieren* zu einem frühzeitigen Erschlaffen der Nase führt, ist lächerlich falsch, hält sich aber paradoxerweise *stur und steif.* Beherrscht von gesellschaftlichen Normen, wie der „Anti-Nasenbohr-in-der-Öffentlichkeit-Regelung-wenn-du-kein-Schwein-bist", wird mit Vorliebe nur versteckt *önasiert.*

Das „So ist es"-Syndrom

In Diskussionen mit vereinzelt häufigen ÖTYPUSSEN stößt man auf diesen Komplex krankhafter Symptome, dessen Hauptursache meines Wissens in grandioser Selbstüberschätzung zu suchen ist.
Beispiel: Sie sitzen in einer Runde an einem runden Tisch und trinken eine Runde Limonade. Gesprochen wird über Kriminalität, Vergewaltigungen in Österreich und ähnliches.

ÖSEL 1: „80% aller Straftäter sind Ausländer! *So ist es!"*
ÖSEL 2: „Bei Messerstechereien sind es noch mehr, 12 von 10! *So ist es nämlich!"*
ÖSEL 3: „Geschweige von Vergewaltigungen. Meine Schwester ist neulich überfallen worden. 1000 Prozent von einem Ausländer, da bin ich *ganz sicher."*

ÖSEL 2: „Komm, deine Schwester hat's doch eh gern g'macht . . .“
ÖSEL 1: *„Genauso ist es.* Aber ganz *genauso.“*
ÖSEL 3: „Aber doch nicht *meine* Schwester . . .“

Was lehrt uns dieses Gespräch?
- Die Gesprächspartner haben allesamt fundierte Kenntnisse der Kriminalstatistik.
- Sie wissen genau, was Frauen Spaß macht.
- Es sind *Vollidiösels.* Jeder gibt etwas zum besten, von dem er keine Ahnung hat und doch davon überzeugt ist, es genau zu wissen. Man wirft um sich: mit Zahlen, Vermutungen, Verleumdungen, Gerüchten, Parolen, Erblasten, Moralvorstellungen, Minderwertigkeitskomplexen. Und all das mit unglaublich brutaler Sicherheit. *Ist es nicht so?*

❞ *Es ist ein Jammer, daß die Dummen so sicher und die Klugen so voller Zweifel sind!* **❞**

Ein denkender Politiker

Emanzipation der Ö-Frau

❞ *Das, was ich jetzt sag', ist wirklich wahr: die österreichischen Frauen sind viel tüchtiger als die Männer.* **❞**

Gerti Senger, Journalistin

In den letzten Jahrzehnten hat die Emanzipation des weiblichen Geschlechtes auch vor Österreich nicht haltgemacht. Ö-Frauen sind hierzulande inzwischen anerkannte Köchinnen, Hausfrauen oder am laufenden Band arbeitende Rekordarbeiterinnen.
In der Politik sorgt die *Quotenregelung* im Gegensatz zur Meinung vieler Ö-Männer nicht dafür, wie viele Frauen ein Mann im Leben haben darf, sondern für ein ausgewogenes Verhältnis zwischen den politischen Geschlechtern. Einziger Haken daran ist, daß der Begriff Ausgewogenheit von Männern definiert wird.
Dennoch haben sich die Ö-Frauen viele Rechte hart erkämpft und dürfen heute beispielsweise bereits Auto fahren, selbständig Kartoffeln schälen und, vom Vater unbeaufsichtigt, Kinder gebären.

28

Mariedl, eine typische
Österreicherin,
mit ihrer kleinen
Schwester

MARIEDL, die Riesin aus Tirol,
mit ihrer Schwester.

ÖTYPUS, der Geheimagent

Toleranz vereinfacht den Umgang mit dem ÖTYPUS wesentlich.
Grundsätzlich gilt: Erlaubt ist alles, was nicht verboten gehört. Verboten gehört nur, was nicht normal ist. Nicht normal ist, was der Durchschnitt *öffentlich* nicht tut. So einfach ist das − für den Durchschnitt.
Am schwersten haben es hierzulande Ausländer, Arbeitslose oder
gesellschaftliche Randgruppen, bi-, tri- und quatrosexuell Veranlagte
sowie Homosexuelle, was bei letzteren einigermaßen überrascht,
besagt doch ein heterosexuelles Sprichwort: „Gute Freunde sollte
man sich warm halten.“

Wie werden Österreicher im Ausland behandelt? Frage an den Schauspieler Alfons Haider:

99 *Schlecht.* **66**

Wie behandeln Österreicher Ausländer, die hierher kommen? Antwort Alfons Haider:

99 *Schlecht, sehr schlecht.* **66**

Andenken an Lionel, den Löwenmenschen, 17 Jahre alt.

Lionel, der abartige Österreicher, früher eine Sensation im Wiener Prater, inzwischen ausgestorben.

Schauspieler und Regisseur Otto Schenk identifiziert Fremdenhaß:

99 *Ich empfinde den Fremdenhaß und die Fremdenablehnung als Verrat am Wienertum. Wären wir da immer so konsequent gewesen, gäbe es in Wien kaum ein großes Gebäude, keine Wiener Oper, keine Wiener Philharmoniker, keine Dichtung . . .* **66**

Denkwürdiger ÖTYPUS

Wer bisher geglaubt hat, daß das Nachdenken eine positive Eigenschaft ist, wird durch einen alt-irgendwoher gebrachten Leitspruch, den auch ich immer wieder zu hören bekomme und an den ich mich selbstverständlich stets halte, eines Besseren belehrt:

„NUR NID NOCHDENKA, DO KUMMSCHT NUR UF DUMME GE-
DANKA!"

Übersetzung: „Nur nicht nachdenken, da kommst du nur auf dumme Gedanken."

Die österreichische Bundeshymne

Nichts, was dem Österreicher heilig ist, soll hier verunglimpft werden. Auch nicht die Bundeshymne. Der Text zu dieser stammt aus der *Triebfeder* von Paula von Preradovic, einer Frau. Um so mehr verwundert es auch diejenigen, die nicht an Wunder glauben, daß sich dieser Text als *frauenver-fehlend* erweist.

Schon in der ersten Strophe steht geschrieben: „Heimat bist du großer Söhne." Nun mag es wohl richtig sein, daß damals vor allem die Männer berühmt und berüchtigt waren. Die Argumentation, der Text dieser Hymne sei alt und somit nicht mehr ernstzunehmen, kann jedoch nicht als Wiedergutmachung geltend gemacht werden.

Singe, wem Gesang gegeben!
Doch du kannst endlich Ruhe geben.

Ich bitte Sie, sich vorzustellen, was in einer Petra Kronberger vorgehen muß, wenn sie nach jedem ihrer zahlreichen Siege auf dem Podest steht, die Hymne erhört und da mitsingen muß: „Heimat bist du großer Söhne . . ."!

Nicht nur die Söhne gehören meines Erachtens *beseitigt*. Auch die Zeile 3 „Land der Hämmer, zukunftsreich!" ist hervorragend geeignet, falsch aufgefaßt zu werden. So denkt der moderne Mensch dabei an *Hämmer*, also an holzköpfige Bewohner, statt an Holzstiele mit Stahlköpfen.

Gerne stelle ich mich daher zum Zwecke der volksdienlichen Erschaffung neuer Textvorschläge mehr oder weniger kostenlos zur Verfügung. Als Zeugnis meiner diesbezüglichen Fähigkeiten habe ich mir angemaßt, eine Neufassung zu erdenken und hier niederzuschreiben.

33

Derzeitige Textfassung

Land der Berge, Land am Strome,
Land der Äcker, Land der Dome,
Land der Hämmer, zukunftsreich!
Heimat bist du großer Söhne,
Volk, begnadet für das Schöne,
vielgerühmtes Österreich.
Vielgerühmtes Österreich.

Heiß umfehdet, wild umstritten,
liegst dem Erdteil du inmitten,
einem starken Herzen gleich.
Hast seit frühen Ahnentagen,
hoher Sendung Last getragen,
vielgeprüftes Österreich.
Vielgeprüftes Österreich.

Mutig in die neuen Zeiten,
frei und gläubig sieh uns schreiten,
arbeitsfroh und hoffnungsreich.
Einig laß in Brüderchören,
Vaterland, dir Treue schwören,
vielgeliebtes Österreich.
Vielgeliebtes Österreich.

Vorschlag für eine Neufassung

Land der Berge, Land im Tale,
Land der Bäcker und Skandale,
Land der Lämmer, unschuldsreich!
Heimat bist du großer Töne,
Volk begnadet kleiner Löhne,
viel geblümtes Osterreich.
Unverblümtes Osterreich.

Heiß gekocht, wild verstritten,
wie ein Erdteil ohne Sitten,
einem Herzschrittmacher gleich.
Hast seit frühen Ahnentagen
hoher Blendung Last getragen,
viel geprüftes Osterreich. (In bezug auf das Finanzamt)
Viel geprüftes Osterreich. (In bezug auf den Rechnungshof)

Mutig in die neuen Zeiten,
frei und gutgläubig sieh uns scheitern,
arbeitslos und guter Hoffnung.
Einige laß in Brüderchören,
unseren Frauen Treue schwören.
Viel verliebtes Osterreich.
Viel geliebtes Osterreich.

FIN

Es war einmal . . .

Österreichische Schöpfungsgeschichte!

Leser sind mißtrauisch, wenn es um neue wissenschaftliche Erkenntnisse geht. Vor nicht allzu langer Zeit noch war die Menschheit überzeugt, die Erde sei flach wie ein Brett. Heute hält man sie für rund wie einen Globus.

Mit Sicherheit wird es Zweifler geben, Kritiker sowieso, die sagen, die *Rhombergsche Schöpfungstheorie* entspricht nicht den Tatsachen, ja sie ist vielmehr an den Haaren herbeigezogener Unsinn. Sie werden weiters sagen, Gott würde sich im Grabe umdrehen, würde Er das lesen. Ich kann Sie beruhigen: ER liest nicht. ER läßt schreiben.

Selbst die Beweisführung meiner These über die ÖSEL-Schöpfung wird Ungläubige nicht glaubend machen. Aber wenn die Erde gestern noch ein Brett war, heute ein Ball ist, warum soll sie morgen nicht ein Schubkarren sein? Wissen Sie es?[1]

Nach unendlich langen Nachforschungen (7. April 1991, 17 Uhr 10 bis 7. April 1991, 17 Uhr 58) bin ich zur Überzeugung gelangt, daß meine Theorie keine Theorie, daß sie die Wahrheit ist. So wahr mir Gott helfe, die zukünftigen Untersuchungen werden die Richtigkeit und Wichtigkeit meiner *Einbildung* bestätigen.

Der verflixte siebente Tag der Schöpfungsgeschichte

Am Abend des sechsten Tages glaubte Gott noch, sein Werk sei vollendet. Im Schweiße angesichts der harten Arbeit nahm Er unter einer seiner Wolken ein Duschbad und legte sich anschließend auf einer anderen zur Ruhe. Streßbedingt fand Er jedoch keinen Schlaf. Also er-

---

[1] Wenn ja, vergessen Sie's.

hob Er sich, schluckte eine Schlaftablette und spülte mit *Scotch on the clouds* nach. Sichtlich *bewölkt* begab Er sich erneut zur Ruhe.

Die Anstrengungen der letzten Tage zehrten an Ihm. Genauso wie der ohrenbetäubende Lärm eines von Ihm selbst in Auftrag gegebenen Gewitters. Es war etwa zwei Uhr früh mitteleuropäischer Zeit, als Er – wie einst beim Urknall – zum zweitenmal in dieser Nacht aufschoß. Diese Wiederauferstehung sollte das Schicksal des Österreichers besiegeln.

Die Wiederauferstehung

Vom Valium betäubt, vom Scotch benebelt und vom fehlenden Schlaf gezeichnet, ging Er daran, seine vorgezogene Wieder-Auferstehung positiv zu sehen. „Die muß gefeiert werden", meinte Er und ließ sich herab, um tätig zu werden.

Er landete hinter den sieben Bergen, trank ortsüblichen *Scotch on the rocks* und suchte nach dem schönen Schneewittchen, als (halleluja) ein Wunder geschah: Es schneite! Da hüpfte, aufgeschreckt durch den Kälteeinbruch, ein Osterhase herbei und legte trotz allem ein Ei.

„Ei, was haben wir denn da?" fragte sich der aus dem Staunen herausragende liebe Gott. „Gottlob, ein Ei", antwortete der selbst überrascht wirkende Hase, der erstens noch nie zuvor ein Ei gelegt hatte und sich zweitens nicht daran erinnern konnte, befruchtet worden zu sein. Gott betrachtete das überraschte Ei, bemalte es in seiner Erregung und versteckte es dann, um sich anschließend die Freude zu gönnen, es suchen zu dürfen.

Der Eisprung

Jahrmillionen verstrichen, für den Schöpfer war es immer noch Sonntag: „Halleluja, da bist du ja, Osterei, im von mir gelobten Land, im Osterreich. Gesalzen und gepriesen sollst du sein." Da, plötzlich: ein Eisprung. Gott erschrak, war tief beeindruckt. „Wieder ein Wunder, wieder eine Schöpfung von mir ganz persönlich!"

Er befreite das Küken aus der Schale, hob es in seinen Händen hoch über die Berge empor und sprach: „Küken, geboren an Ostern im Osterreich. Hiermit taufe ich dich auf den Namen Osterreicher[2]!" Das Küken nahm dies erstaunt zur Kenntnis. Was blieb ihm anderes übrig?

Der Eisprung, Geburt eines Osterreichers

Die Verdummung

„Küken, Küken in der Hand, wer ist der Schönste im ganzen Osterland?" klang es aus dem Mund des Meisters, auf eine ihm bekannte Antwort wartend. „Ich bin es natürlich, dein Osterreicher", lästerte das Küken zurück, nicht ahnend, daß Gott es *in der Hand* hatte.
Der Schöpfer war außer sich. Mit dieser *gotteslästerlichen* Antwort hatte selbst Er nicht gerechnet, was bei genauerer Betrachtung einiges heißen mag. Im selben Augenblick sprach Er die magischen Worte: „Äne mäne mäck, und du bist weg!". Und ließ das abtrünnige Küken zu Boden fallen, wodurch dieses beträchtlichen Schaden erlitt. Dachschaden, meinen manche trivial.

[2] Osterreicher = Einzahl, da Einzelkind. Später Österreicher.

39

Die Niederkunft

Gleich nachdem der verärgerte Meister in den Himmel aufgefahren war, schnallte sich das Osterreicherlein zwei Holzbretter an seine Füße und fuhr hinab ins Tal. Besessen von der Idee, größer als der Meister zu werden.

Nach Jahren bescheidenen körperlichen Wachstums mußte es jedoch feststellen, daß es nicht wirklich größer wurde. Es zog weiter und weiter, und als nichts mehr kam, kam Wien. Im Glauben, daß das Rad der Zeit das Osterreicherlein nicht mehr größer drehen würde, gebar es die Idee, ein riesen Rad zu schaffen. Runde für Runde kam es damit dort an, wo es gerade gewesen war. Und glaubte doch stets, Neuland entdeckt zu haben. Immerhin: mit diesem Riesenrad machte sich das Osterreicherlein in der Welt unverwechselbar.

Es war begeistert und sprach sich eilig heilig. Da, urplötzlich, öffnete sich der Himmel, und der Herr sprach: „Heilig bin nur ich. Du bist bestenfalls scheinheilig!"

Fünf heilige Engel und ein Osterreicher*. (Zeichnung: Ironimus, 1957)

40

Das also ist die Entstehungsgeschichte der Österreicher. Sie glauben mir nicht? Aber daß Jesus über den See Genezareth gegangen ist, das glauben Sie?

Die Beweise

1. Österreich kommt von Osterreich. Das hört auch ein Blinder.
2. *Hasi* ist ein österreichisches Kosewort.
3. Ein bekanntes Männermagazin verwendet den Österreicher als Markenzeichen.
4. Amerikanische Annahmen, Österreich liege auf dem Mond und dessen Einwohner gäben Milch, sind bekanntermaßen falsch.
5. Viele Österreicher verfügen heute noch über einen Eierschädel.
6. Das *Haas-Haus* in Wien ist der neueste lebendige Beweis meiner Forschungsarbeit.

Brutstätte des Osterreichers: Hochosterwitz in Kärnten

Leider ergibt sich aus diesen aktuellen Forschungsergebnissen auch ein schreckliches Detail: Österreicher sind Menschenfresser, indem sie Eier und damit ihre eigenen Nachkommen essen; und das in wilden Variationen: offen als Spiegelei, versteckter schon als Omelette. Als Draufgabe trinken manche gar noch Eierlikör. Das ist kannibalischer Inzest oder so etwas ähnliches. Auf jeden Fall ist es ungeheuerlich unmoralisch.

Ich hoffe, Sie sind jetzt gescheiter als vorher. Möglich ist immer alles. Oder *Nichts ist unmöglich,* wie es die Österreicher sagen. „Außer sie selbst", sagen andere.

Die guten Seiten des Österreichers

Superlearning durch *Austrosuggestion*

Wie wollen Sie den richtigen Umgang mit Österreichern lernen, ohne sich selbst zu erkennen?

> *Der gewaltige Unterschied zwischen Österreichern und den Bayern ist in erster Linie der: Von uns weiß man, daß wir falsche Hunde sind!*

Fritz Muliar

In diesem Kapitel geht es um suggestive Übungen, die Ihnen den Umgang mit *Austriaken* wesentlich vereinfachen. Übungen, die sich in Ihrem Unterbewußtsein eingraben und ausdehnen wie ein Pilz.
Die Basis meines Trainings: Selbsterkenntnis mittels Selbstreinigung.

- Ziehen Sie sich so weit wie möglich aus.[1]
- Treten Sie vor einen Spiegel. Betrachten Sie Ihre Hülle und fragen Sie sich selbstkritisch: „Bin ich das da im Spiegel?"
- Tasten Sie Ihren Körper ab, verharren Sie aber an keiner Stelle zu lange. Sonst wird Selbsterfahrung zu schnell selbstbefriedigend. Auch gut. Aber (in diesem Fall) nicht zielführend.
- Fühlen Sie sich beschmutzt? Wenn ja, reinigen Sie im ersten Schritt Ihren Spiegel.
- Bleibt der Eindruck trotzdem nachhaltig bestehen, reinigen Sie sich innerlich.
- Ziehen Sie sich bitte wieder an. Die Vorstellung Ihres nackten Körpers macht mich depressiv.

[1] Nicht teleskopisch gemeint

Die Suche nach dem Sinn

Viele Menschen suchen unaufhörlich nach dem Sinn. Ich, Autor und Österreicher in ein und derselben Person (!), suche unaufhörlich nach dem Unsinn.

„SINN ODER UNSINN,
DAS IST MEINE ÖSTERREICHISCHE FRAGE!"

Übungen

Es gibt viele Methoden der Suggestion. Ich habe mir erlaubt, einige sehr populäre für Sie auszuwählen und auf den richtigen Umgang mit ÖSELS umzuarbeiten.

Autogenes Training

Wiederholen Sie jeweils sechsmal folgende Formeln:
1. Ich bin ganz ruhig und entspannt. Nichts kann stören. Nicht einmal ein Österreicher. ÖSELS sind angenehm – weit entfernt.
2. Arme und Beine sind ganz schwer. Genau wie der Umgang mit ÖSELS.
3. Arme und Beine sind angenehm warm. Österreicher lassen mich angenehm kalt.
4. Nach dem Erwachen bin ich frisch und frei. Frei von Verfolgungswahn.

Hypnose

Hypnotisieren Sie sich irgendwie. Befreien Sie sich. Vor allem von Zwängen.

ZEN

- Nehmen Sie den Lotussitz ein.[2]
- Ist Ihnen dies tatsächlich gelungen, sind Sie schon einen wesentlichen Schritt weiter und um einen Sitz reicher.

---

[2] Nicht intravenös gemeint

- Reduzieren Sie sich nun ganz auf das Wesentliche.
- Schalten Sie sich und Ihre Umwelt aus. Sagen Sie sich ständig: *Nichts ist wichtig. Alles um mich, einschließlich mir, ist unwichtig. Ich bin nichts. Ein ganz normaler Nichts. Österreicher sind auch nichts. Zumindest nichts Besseres.*

Auferstehung

Für welche Methode Sie sich auch entscheiden: Wichtig ist Ihr Erwachen nach der Versenkung.[3] Atmen Sie dreimal kräftig durch sich durch, damit Sie nach der Auferstehung zur Abwechslung mit beiden Beinen auf dem Boden stehen.

Superlearning, vermittelt von der Kabarettistin Lore Krainer

Lore Krainer rät dem lernwilligen Österreich-Neuling, dem Lernobjekt gegenüber sich immer lieb, hochachtungsvoll und voll der Bewunderung ob seines Wissens, Charmes und seiner Liebenswürdigkeit zu verhalten – auch wenn's nicht stimmen sollte, man muß es auf alle Fälle immer voraussetzen. Da der Neuling auch meist gleichzeitig Ausländer ist, gibt sie allen Ausländern den Tip, sich nicht als solche zu bezeichnen, sondern als Tourist, denn „Tourist" klingt besser – nämlich nach Geld. „Ausländer" hingegen klingt nach Wirtschaftsflüchtling.

[3] Außer für Ihre Erben

Die österreichische Sprache

Heimat bist Du großer Töne!

> *Das ärgert mich in Österreich: Wenn ein Deutscher ‚ja' sagt, dann meint er ‚ja'. Hierzulande kann ‚ja' gar nichts sein, kann aber auch ‚ja' heißen oder ‚jein' oder auch ‚nein'. Ich weiß es nicht. Wenn man also vom Österreicher nichts Konkretes verlangt, wenn man herkommt, um hier Geld auszugeben, um hier zu leben in dieser angenehmen, halbseidenen Atmosphäre, dann ist alles wunderbar. Man darf ihn nur nicht beim Wort nehmen.*

Milo Dor, Schriftsteller

Die geschichtliche Grundlage

Vielleicht erinnern Sie sich noch an die österreichische Schöpfungs-geschichte[1]. Der Osterreicher wollte etwas Großes schaffen und *schöpfte* das Riesenrad. So Rad, so gut. Nun aber begab es sich, daß Österreicher aus allen Teilen des Osterreiches kamen und sich im Kreise drehen wollten. Gleichzeitig, versteht sich.

Nur wenig Menschenkenntnis ist notwendig, um zu erahnen, was geschah: Sie stritten wie *die Wilden*. Da waren Schimpfkanonaden zu hören, die ich dem intellektuellen Leser gar nicht zumuten darf. Aber unter uns gesagt, die Leute wurden als *frittierte Wiener Schnitzel,* als *fette Tiroler Knödel* oder als *Käs-Spätzle, die zum Himmel* riechen, bezeichnet.

Bis es Gott zu viel wurde. Nicht die bis zum Himmel riechenden *Käs-spätzle,* sondern die kindische Streiterei. Er öffnete das Dachfenster und schrie herab: „Himmel halleluja kruze fix, jetzt hab' ich die Nase

---

[1] Wenn nein, mehr Knoblauch essen

51

aber voll." Als ihm ein naives Österreicherlein darauf ein Papierta-schentuch anbot, wurde er verständlicherweise noch wütender. „Jetzt reicht's, ihr Alpenidioten. Jetzt mach' ich euch den Ofen aus", und schaltete die Sonne ab.

Da standen die Verdutzten nun im Dunkel des Tages und wußten nicht mehr hin noch zurück. So blieben sie stehen, bettelten und fleh-ten, verbeugten sich, machten Hofknickse und küßten einander die Hände.

Dieser erbärmliche Anblick löste beim lieben Gott erhebliches Erbar-men aus. Er verzieh seinen Geschöpfen („sie wissen nicht, was sie tun") und knipste die Sonne wieder an. Zu seinem beträchtlichen Er-staunen bettelten und flehten die wilden Österreicher unverdrossen weiter, verbeugten sich, machten Hofknickse und küßten einander die Hände.

Gott *stutzte* wie ein *Flügel*. Bis er begriff: „Die sind begriffsstutzig!" „Alles herhören!" schallte es aus dem All. „Damit ihr Streithähne und Hyänen endlich Ruhe gebt, wird ab dem Gongschlag jeder von euch einen anderen Dialekt sprechen. Gong!"

„Jo wos is denn jetz awai los?" sprach ein Ö-Hahn zum anderen, der da meinte: „Wa häascht gseit, wa muanscht?" – „Hä?"

Die Verwirrung war groß. Größer als sonst. So beendeten die Österrei-cher ihren Riesenrad-Streit, zumindest verbal. Sie fuchtelten mit ihren Armen, wackelten mit den Ohren, zappelten mit den Beinen, rissen Grimassen und entwickelten eine perfekte Körpersprache.

99 *Der Österreicher möchte sicher Gott nicht als den Strafenden, Verur-teilenden und Beurteilenden sehen, sondern als einen, mit dem man Kompromisse eingehen und sich's richten kann, wie es in Österreich halt so üblich ist.*
Der ‚liebe Gott' wird als väterlicher Typ mit weißem Bart und vielen Engerln gesehen, bei dem – ganz wichtig – ‚alles net so genau ist'. Und wenn es doch einmal eng wird, arrangiert sich der Österreicher mit dem ‚lieben Gott'. 66

Rechtsanwalt Michael Datzik-Menn

Körpersprache, made in Austria

Was bedeutet ein weit aufgerissener Mund, eine geballte Faust, ein fehlendes *Öselsohr,* ein zwinkerndes Auge oder das Tropfen der Nase? Wer die Körpersprache zu deuten weiß, kann Österreicher schneller und besser einschätzen.

Beispiel: Ein ÖSEL sagt Ihnen, daß er Sie sympathisch findet. Seine rechte Hand ist zur Faust geballt, nur der Mittelfinger zeigt nach oben. Der Kenner weiß, daß der ÖSEL es sehr ernst meint. Er findet Sie übertrieben sympathisch. Ein Vertrauensbeweis dritten Grades.

An Ihren großen Augen erkenne ich, daß Sie mehr wissen wollen. Das wundert mich nicht. Ich sehe ja Ihre großen Augen. Große Augen bedeuten:

a) Sie sind sehr interessiert.
b) Sie stehen unter Drogen.
c) Sie haben seit der Geburt große Augen.
d) Sie tragen eine starke Brille.

Weitere Deutungen

- Ein österreichischer Mann trägt einen hübschen Rock, sitzt und hat die Beine übereinandergeschlagen. *Deutung:* Bei dem Mann könnte es sich um eine Frau handeln.

- Ein Österreicher wackelt mit den Ohren. *Deutung:* Er will fliegen lernen. Oder: Er heißt Gunther Philipp.

- Ein Österreicher trägt ein weißes Tuch um den Kopf und bohrt in der Nase. *Deutung:* Er sucht nach Erdöl.

Ich hoffe sehr, daß Sie diese Kostprobe davon überzeugen konnte, wie hilfreich die richtige Auslegung der Körpersprache im Umgang mit Mitmenschen sein kann. Üben Sie zu Hause. Überwinden Sie Ihre Schüchternheit, setzen Sie sich Ihrem Partner gegenüber (bitte nicht Rücken an Rücken), betrachten Sie ihn im Detail und sagen Sie ihm bei jeder seiner körperlichen Veränderungen, was diese Ihrer naiven Ansicht nach bedeuten könnte. Der Partner äußert sich anschließend zu Ihrer Vermutung.

Achtung, Jungfrauen: Vorsicht ist geboten, wenn sich die körperliche Veränderung Ihres Gegenübers unter der Gürtellinie vollzieht. Übung sofort abbrechen!

Verbum dialectikum: Die Mundarten

Die Entstehung der Mundarten ist eines, die *Verstehung* etwas ganz anderes. Selbst unter Österreichern, die nur wenige Kilometer voneinander entfernt wohnen, treten des öfteren Verständigungsschwierigkeiten auf.
Beispiel: Ich, Autor, geboren im westlichen Dornbirn (Dorrabüro), entdecke ein Gedicht aus dem zwanzig Autominuten entfernten Bregenzerwald. Ich lese:

Klaus: „Schätzle heascht mear on an Moja, Nägele und Masarau?
Heascht jan Stöck an gana Roiha, Bluma rot und gel und blau."
Elisabeth: „d'Maja seand am schönscht'an Stöcka, drum seand Moja
ret füor di, tuost a bizzle bessor schmecka, welloweag ischt on nix hi."

Ich lese nochmals.
Ich lese nicht noch einmal.
Wozu? Chinesische Zeitungen lese ich ja auch nicht.

Verbum spuckum: Die Kindersprache

ÖKIS (österreichische Kinder) lernen sehr früh sprechen. Nicht gesichert kann versichert werden, daß sich diese Fähigkeit bereits im Mutterleib entwickelt. Mit Sicherheit kann – in Übereinstimmung mit dem Vatikan – ausgeschlossen werden, daß sie sich bereits vor der Befruchtung entwickelt.
Unerklärlich für zahllose Eltern ist der Augenblick, in dem die ersten Worte des eventuell eigenen Kindes lauten: „Gulli gulli gulli." Dabei

Eine klare Kindersprache*, gesprochen von Manfred Deix

ist dies gar nicht verwunderlich, vielmehr natürlich. Denn natürlich hat das Kind dies von den Eltern unentwegt zu hören bekommen. Eltern sprechen mit Kindern ungleich zärtlicher als mit Erwachsenen. Und Kinder plappern den Eltern nach wie ein *Plappergei:* „Gulli gulli gulli gulli, gulli, dudldudldudldudldudldudldudl." Der so erworbene Wortschatz wird später um die sogenannten „Super-Dauerwörter" erweitert und macht den Heranwachsenden zur Sprachkanone, der wirksamsten österreichischen Waffe zur Vermeidung vom fehlenden Wort, das auf der Zunge liegt, aber weder darauf zergeht noch darüber hinauskommt.

Freda Meissner-Blau, Ex-Parteichefin der *„Grünen",* wünscht sich eine *klare Sprache* bei der ÖKI-Erziehung:

❞ *Ich würde mir wünschen, daß man jedem neugeborenen österreichischen Kind eine Injektion für aufrechten Gang, für Selbstbewußtsein und für Autonomie ins Rückgrat gibt.*❝

Verbalum superioris: **Das Super-Dauerwort**

Zurück zum fehlenden Wort, das auf der Zunge des österreichischen *Sprachlings* liegt. Er schmeckt es auf seinem Gaumen wie Kaviar, und doch kommt es als Ketchup über seine Lippen. Das ist das „Taschenrechnerphänomen". Seit es Taschenrechner gibt, können viele 25.312,99 x 14 nicht mehr im Kopf multiplizieren. Der Einsatz von *Super-Dauerwörtern* führt zum ähnlichen Ergebnis, der Wortschatz wird durch *Super-Dauerwörter* drastisch reduziert, zahlreiche Wörter geraten in Vergessenheit.

Das meistverwendete *Super-Dauerwort* ist „super". Einfach alles ist *super.* Die Party war *super.* Der Stephansdom ist *super.* Der Urlaub wird *super.* Ich tanke *super.* New York ist *super.* Der Golfkrieg war *super.* Tschernobyl war *superscheiße.* Man fühlt sich *super.* Tante Olga ist *super.* Olgas Tante ist mindestens so *super.* Sie sind auch *super.* Ich auch. *Supersuper.* Und *nett.* Ein *netter* Abend. Ein *nettes* Riesenrad. Ein *netter* Film. Ein *nettes Auto.* Der Hurrican war wahnsinnig *nett.* Wie das Wetter überhaupt oft *nett* ist. Sie sind auch *nett.* Ich auch. *Supernett.*

Non verbum maximum: Die Partnersprache

Einen hohen Stellenwert hat die Sprache verständlicherweise in Partnerschaften aller Art. Dient sie anfänglich zur Kontaktaufnahme („Sie sehen sehr nett aus, Sie sind sicher super"), kommt ihr im weiteren Beziehungsverlauf eine tragende Rolle zugute. Besonders wertvoll ist Kommunikation im Bereich der Konfliktlösung.

Beispiel

Konflikt tritt auf am Tag 0, 14 Uhr 50.

Beginn der Konfliktlösung: Tag 3, 1 Uhr 35
Gesprächsführung:
. . . .
. . . .
. . . .

Stufe 2 der Konfliktlösung: Tag 4, 7 Uhr 32
Gesprächsführung:
. . . .
. . . .
. . . .

Stufe 3 der Konfliktlösung: Tag 8, 12 Uhr 01
Gesprächsführung:
. . . .
. . . .
. . . .

Stufe 4, Ende des Konflikts: Tag 9

Durch diese intensive Kommunikationsform ist die Auseinandersetzung am neunten Tag nach Auftreten des Konfliktes erfolgreich gelöst. („Ich war schuld." „Nein, ich war schuld." „Du bist super." „Du bist supernett.")

Verbum „Du-nix-gut“: Austrianisch international

Vermittelt durch Ernst Fuchs

> *Der Österreicher vermutet im anderen immer einen, der auf keinen Fall deutsch kann. ‚Du, nix da‘, etcetera. Er hat das wohl in seiner Urerinnerung, da er selber einmal hierhergekommen ist und nichts verstanden hat.*

Verbum paradoxum: Die Politikersprache

Immer wieder beeindruckend ist die diplomatisch-paradoxe Sprache der Politiker, *verbum paradoxum.* Politiker verstehen es besonders geschickt, auf inhaltlich klare Fragen inhaltlos klare Antworten zu geben.

Beispiel

Frage des Journalisten nach dem Mittagessen: „Herr Minister, die erste Gesprächsrunde heute vormittag hat für alle überraschend lange gedauert und ist erst kurz nach 13 Uhr zu Ende gegangen. Was können Sie uns zu deren Verlauf mitteilen?“
Antwort des Ministers: „Sie haben völlig recht, wir haben nicht damit gerechnet, daß uns schon die ersten Verhandlungen beinahe um das Mittagessen gebracht hätten. Im weiteren bin ich sehr froh, daß ich Broccoli nicht leiden kann. Würde ich Broccoli nämlich mögen, hätte ich sehr viel davon gegessen, obwohl ich Broccoli doch nicht ausstehen kann!“

Neben den angeführten Kommunikationsformen treten in Österreich natürlich viele weitere spezifische Varianten auf. *Verbum syndicum* oder *verbum corruptum,* die Sprache der Ganoven, die Polizeisprache *verbum bullos,* die kirchliche Kommunikation *verbum koitum,* die Angebersprache *verbum clotzum, verbum banalum* steht für die Fußballersprache, die Heurigengespräche werden mit *verbum saufum* betitelt.

Nach dem Studium dieses Kapitels wird mancher Leser feststellen, daß er noch immer nicht weiß, wie er es in Zukunft anstellen soll, einen *dialektisch* agierenden Österreicher zu verstehen. Erst in diesem Stadium[2] beginnt man allmählich zu begreifen, weshalb in unseren Schulen Englisch unterrichtet wird.

Die Lösung aller Sprachprobleme, übermittelt vom Wiener Cafetier Hawelka

Nummer eins, einmal: Als Österreicher muß man mit dem Österreicher umgehen können. Man muß mit jedem reden, wie dieser Mensch eigentlich ist. Ist er intelligent, muß man ihn intelligent ansprechen. Ist er beispielsweise vom Land, muß man a bißl mit männlicher Sprache mit ihm reden.

---

[2] Achtung, Fußballer: Nicht mit Stadion verwechseln!

Die Bundesländer im Bilde

> *Den Österreicher gibt es nicht. Die Kultur des menschlichen Umgangs ist anders, ob ich in Tirol, in Kärnten oder in Wien bin.*

Fürst Karl von Schwarzenberg

Dieses Buch, das vielleicht beste, aber mit Sicherheit vollste je im deutschsprachigen Raum erschienene *Leerbuch,* vermittelt trotz zahlreicher praktischer Übungen nur Theorie. Doch Theorie, das wissen alle und damit sicherlich auch Sie, kann in der Praxis gewonnene Erfahrungen nicht ersetzen.

Es nützt Ihnen demzufolge wenig, wenn ich Ihnen über die österreichischen Bundesländer mehr erzähle, als ich weiß. Ganz nach dem Motto „Aus Schaden wird man klug" zählt auch hier die Erfahrung am eigenen Leibe. Auge um Auge, Zahn um Zahn, ÖSEL um ÖSEL . . .

Aus diesem mir einleuchtenden Grund beschränke ich mich in diesem Kapitel durch Selbstaufgabe auf Anstöße, die ich Ihnen vermitteln will. Anstöße, unter anderem durch das Kennenlernen österreichischer Ortschaften, die alleine schon durch ihre besondere Namensgebung erhebliches Aufsehen erregen.

Aus meiner umfassenden Tätigkeit als Autor zweier Bücher weiß ich, daß Bilder mehr vermitteln als tausend meiner Worte. Diese These wird durch eine Untersuchung untermauert, die kürzlich an Fünfzehnjährigen in Österreich durchgeführt wurde und ergab, daß rund 30 Prozent der Befragten arge Schwierigkeiten mit dem Lesen haben. Diese Personengruppe möchte ich mit den nachfolgenden Seiten in guter Hoffnung gezielt ansprechen.

Vorarlberg

Das alpige Moralland liegt am Rande des *Ruins* (zu deutsch: Rhein) und wird von den *Kässpätzles* bevölkert.

Touristenwarnung: Bitte, ziehen Sie keine voreiligen *Schüsse,* sollten Sie in Vorarlberg mit „Heil" begrüßt werden. Erschrecken Sie ebenfalls nicht unabsichtlich, wenn der Gruß mit „am Seil", gesamt „Heil am Seil", ergänzt wird. Diese landesüblichen Anredeformen sind gutmütige Überbleibsel aus anderen Zeiten.

Au i. Bregenzerwalde (800 m).   Damülsertal.

Au, das tut weh.

Eine Gerichtsverhandlung
im *Bregenzerwald* kann
kopflose Folgen haben.

Lustenau mit mahnender
Dorfkirche gegen allfällige
Lustbarkeiten.

Tirol

Die rundlichen Einwohner, die *Tiroler Knödel,* erfreuen sich der hohen Beliebtheit ihrer gleichfalls hohen Bergwelt.
Was in der englischen Sprache das „th" (ti ätsch), ist in Tirol das „ch". Nur anders.

Grins, der Kurort für einfallslose Humoristen.

Gurgl g. d. Ötzthaler Ferner

In *Gurgl* gehen Ihnen die Bewohner selbstverständlich an den Hals.

Dorf Fieberbrunn in Tirol

Fieberbrunn braucht dringend mehr Ärzte.

Salzburg

Allen Unkenrufen zum Trotz veranstalten die *Salzburger Nockerln* alljährlich ein fruchtbares Theater. Es nennt sich Festspiele und versalzt den fast zeitgleichen Bregenzer Seespielen den Bodensee.

Das *Drachenloch* und dessen Einwohner: die Drachen.

Allen *Unkenrufen* zum Trotz, das Tal von *Unken*.

Kärnten

Die blauäugigen Südländer zählen zu den braunsten Landsleuten, sagen manche. Landeshauptstadt und Sitz für diesbezügliche Rechtsstreite ist KLAGEN-furt.

Der Wiener sieht in einem Kärntner bestenfalls einen liebenswerten Dodl, und der Kärntner in einem Wiener bestenfalls einen schlitzohrigen Halbganoven − die trauen sich gegenseitig nicht.

Udo Jürgens

Erst *Maria Gail* . . .

. . . dann *Maria Elend!*

67

Steiermark

Markenzeichen dieser *Bundesbügel* sind deren Steireranzüge. Sie spiegeln das Klischee wider, das vor allem Japaner von uns Österreichern haben, und machen diese für den Tourismus anzüglich.

Gschaid, Frischzellenkurort für unsere Fußballer.

In *Edelschrott* wird Dreck zu Geld.

Groß-Klein kann sich nicht entscheiden.

Niederösterreich

Hier sind die kleinsten aller Landsleute, die *Niederer,* beheimatet. Seit Urzeiten unterdrückt und bis vor kurzem ohne eigene Hauptstadt, begannen die an der Grenze zur Tschechoslowakei gelegenen *Niederer* gehörig zu „tschechern".

Ich bin Niederösterreicherin, lebe zwar in Wien, muß aber sagen, daß ich lange gebraucht habe, bis ich diesen Wiener Schmäh kapierte, teilweise kapier' ich ihn heute noch nicht. Viele sagen, daß ich eine Landtussi bin!

Simone Stelzer, Sängerin

Hammer im Prollingthal bei Ybbsitz, N.-Oe.

Das Örtchen *Hammer* bei Ybbsitz . . . ohne Worte.

Sittendorf besuchte Casanova nie.

In *Oed* ist nicht viel los . . .

Oberösterreich

Die *Ober,* wie man die Oberösterreicher gerne nennt, sind Nachfahren der *Kellner*und demzufolge die Diener der Nation, die sich besonders über große *Trinkgelder* freuen.

Häufiger Tod durch den Strick in *Langhalsen.*

Luftschnurrort *Katzenberg.*

Wien

Wenn man sich hier in der Stadt ein bißchen umsieht, kann man sich ganz gut vorstellen, daß die Urwiener zur Zeit des römischen Imperiums die Stallburschen, Dienstmänner und Oberkellner der damaligen Herren waren.

Horst Friedrich Mayer, Nachrichtenchef des ORF

Der berühmte Wiener *Naschmarkt*, das Vernaschungszentrum von Wien.

Luftraumüberwachung am *Praterstern* in Wien. Damit es keinen zweiten *Rust* gibt.

Militär-Lenkballon „Parseval"
Wien   Praterstern

B.K.W.I.

Wer kennt sie nicht, die *Wiener Schnitzel,* benannt nach dem großen *Panonier* Arthur Schnitzler. In den Bundesländern sind die Wiener nicht immer beliebt. „Du *wienerst* mich an" hört man ebenso häufig wie „*wiendiger* Typ" oder das Zitat „Wer nichts wird, wird Wiener".

Eiskalte Wiener gehen in der Donau baden.

Wiens Bürgermeister Helmut Zilk meint:

❝ *Es ist kein Zufall, daß dem Sigmund Freud die Psychoanalyse und dem Viktor Adler die Idealpsychologie in Wien eingefallen sind. Denn nur in Wien haben sie das Menschenmaterial gehabt, um auch die Tiefenschichten der menschlichen Seele ausloten zu können. Dieser Wiener ist ein ‚mixtum compositum' von vielen Seelen, von vielen Völkern, von vielen Rassen, Sprachen und Religionen. Diese Stadt war durch Jahrhunderte ein Schmelztiegel. Wien ist die einzige Großstadt der Welt, die von den Russen freiwillig geräumt wurde, Sie können machen, was Sie wollen, so ist es. Wir sind auch mit der vierfachen Besatzung fertiggeworden. Diese politische Routine, das ist der Wiener.* ❞

74

Burgenland

Nicht nur wegen der Ostlage werden die Einwohner als die österreichischen Ostfriesen bezeichnet. Und das, obwohl die *Burger* weit unter den Ostfriesen anzusiedeln sind – geographisch betrachtet.

Luftkurort *Stinckenbrunn.*

Einwohner von *Stinckenbrunn.*

Schattendorfs Tourismus profitiert vom Ozonloch.

Das österreichische *Horrorskop*

ÖSELS sind abergläubisch. Was besagt: Sie glauben an sich, aber auch an ihre Sternstunden. Das geht so weit, daß Sie alljährlich gegen Dreikönig ihre Kinder als Sternsinger verkleidet auf die Straße betteln schicken.

Ihre Sterne, und das wird Sie nicht sonderlich verwundern, sind nicht etwa der *Brüllende Löwe* oder die *Eiserne Jungfrau*. Österreicher haben ganz auf ihre individuellen Verwürfnisse und Ansprüche abgestimmte Sternbilder entwickelt. Um besser damit zurechtzukommen, wurden diese einfachheitshalber jeweils auf gerade Monate gelegt.

All jenen Lesermassen, die der Astrologie Bedeutung zumessen, habe ich im folgenden Abschnitt die besonderen Merkmale der landesspezifischen *Sternschuppen* zu analysieren versucht. Autor sei Dank: Der Versuch ist geglückt!

Schneekanone (1.–31. Januar)

Die im Zeichen der Schneekanone geborenen Österreicher bewegen sich gerne in geistig-alpinen Höhen, was nicht selten zu Gratwanderungen in allen Lebenslagen führt. Vielfach Einzelgänger, *pflügen* sie nur mäßigen Kontakt zu Mitmenschen und sind demzufolge frostige, jedoch behördlich beschränkt genehmigte Zeitgenossen. Durch mehrere Liter Glühwein erlangen sie eine ordentliche „*Kanone*", was sie im Frühling auftauen läßt.

Echte österreichische Schneekanone.

Lawinenhund (1.–28. Februar)

Ein unermüdlich Suchender, ein rastloser Mensch, der erst gerne Lawinen ins Rollen bringt, um sich dann auf die Suche nach den Überlebenden seiner Aktionen zu begeben. Am besten versteht er sich mit seinen häufigsten Opfern, den Schneekanonen. Durch sein um den Hals getragenes Fäßchen neigt auch der *Lawinenhund* zu Drogenkonsum.

Strizzi (1.–31. März)

Im *Strizzi* Geborene bringen nichts auf den Punkt, sondern lassen lieber auf den Strich gehen. Sie, die die verschiedenen Mundarten zu Hochkulturen entwickelt haben, streben zu Angeberei und Protzertum, was sie durch ihre Liebe zu schweren Goldketten und Straßenkreuzern zum Ausdruck bringen. *Strizzis* sind Österreichs proletarische Paradeaufreißer.

Hiasl (1.–30. April)

Der *Hiasl,* Sinnbild der Österreicher, ist unumgänglich, aber umgänglich, leicht bescheuert und gerade deshalb besonders liebenswert. Im Spiel glücklich, in der Liebe glücklich hilflos, sorgt er in seinem Berufsleben unbeabsichtigt, aber bienenfleißig für Heiterkeit unter seinen Kollegen. Als *Parade-Hiasl* gelten die am 1. April Geborenen.

Venus (1.–31. Mai)

Das nach der österreichischen „Venus von Willendorf" benannte Sternbild steht ganz im Zeichen der Zweisamkeit. Im Wonnemonat Mai geboren, trachten *Venus*-Geborene danach, auch im Mai zu heiraten, ohne zu verabsäumen, zuvor trächtig zu werden oder werden zu lassen. *Venüsse* sind brave, unauffällige und anpassungsfähige, dem Brauchtum zugewandte Mitmenschen, die keiner Fliege etwas zu leide tun. Entscheidungen treffen sie im Kollektiv, Alleinmärsche sind ihnen fremd.

Heuriger (1.–30. Juni)

Ein aufgeschlossener, süffiger Zeitgenosse, immer im Zeichen der Zeit lebend, ein Mensch ohne Vergangenheit, könnte man sagen. Er lebt dem Augenblick, genießt jede ihm gebotene Situation, ist gesellig, neigt allerdings zu Heuschnupfen. Der *Heurige* gehört zu jenen Landsleuten, die nicht von gestern sind. Sowohl im Beruf als auch in der Partnerschaft ist er unbeständig und wechselhaft, jedes Jahr bringt etwas Neues für ihn.

Fensterler (1.–31. Juli)

Bedingt durch seine hohe Motivation, zählt er, zusammen mit den Böcken, zu den besten Kletterern des Landes. Dem *Fensterler* stehen alle Türen offen, egal wie hoch sie liegen. Getrieben durch das ihm von der Natur Mitgegebene, läßt der Risikofreudige in seinem Leben nichts unversucht. Je höher das Ziel, um so höher der Ansporn. Er klettert auf dem kürzesten Weg nach oben. Der *Fensterler* gehört einem insgesamt erfolgreichen Menschenschlag an, der bei zu frechem Eindringen hin und wieder Rück-*Schläge* einstecken muß.

Australier (1.–31. August)

Der im Australier geborene Österreicher ist der Vagabund unter den *Sternschnupfen*. Mit seinem sonnigen Gemüt hüpft er gerne ins Ausland, wo er jedoch des öfteren mit Känguruhs verwechselt wird. Sein strahlendes Äußeres verbreitet Selbstsicherheit und Optimismus, verdeckt jedoch die ihm angeborene Faulheit. Durch seine zahlreichen Reisen ins Ausland ist er weltoffen und tolerant.

Moderator Thomy Aigner zum richtigen Verhalten eines ÖSELS im Ausland:

Er soll sich auf alle Fälle nicht so verhalten, wie der sogenannte typische Wiener oder Piefke, der in ein fremdes Land kommt und dort nur seine Weißwurst oder sein Schnitzel haben will, alles andere ignoriert und sich obendrein auch noch präpotent aufführt. Das ist dann dieser verhaßte Wiener oder dieser verhaßte Piefke, dieses Image entsteht durch ignorante Ärsche.

Jodler (1.–30. September)

Der Jodler, ein geborener ÖSEL, ist eine „Heulliesl". Er jammert den Menschen ständig etwas vor, klagt sein Leid, sucht Mitleid. Was ihn schmerzt, ist sein Schmerz. Ein Hypochonder also mit suiziden Symptomen, die nicht selten auf seine nächsten Mitmenschen übertragen werden. Der *Jodler* ist introvertiert und baut Klagemauern um sich herum. Labilität, fehlendes Durchsetzungsvermögen und eine jämmerliche Stimme machen ihn zu dem, was er ist: zu einem *Jodler*.

Spätlese (1.–31. Oktober)

Der spät Erlesene zählt zu Österreichs Elite und besucht unterstützend Nachhilfeunterricht. Er kommt immer zu spät, ob in der Schule, im Beruf oder in der Liebe. Durch sein erlesenes Talent, zu spät mitzukommen und damit schwierige Zusammenhänge stets zu verkennen, verfügt er vermehrt über menschliche Werte wie Wärme, weshalb er auch gerne *„Süßer"* genannt wird.

Betthupferl (1.–30. November)

Das *Betthupferl* ist Österreichs bester Liebhaber, der Freudenspender der Nation. Für ihn zählt nicht die Partnerqualität, sondern die Nachwuchsquantität. Seine *Treibhaftigkeit* sichert die Pensionen auf Generationen und trägt somit zur wirtschaftlichen Stabilität des Landes wesentlich bei. Ideale Partnerergänzung sind Strizzi und Venus, aber auch bei Fensterlern klopft das *Betthupferl* gerne an. Wie gesagt, die Quantität zählt.

Nußknacker (1.–31. Dezember)

Der „Weihnachtsmann" unter den Sternbildern ist ein verbissener Beißer, Typ Macho, der sich stets durchbeißt, wenn nötig mit dem dritten Gebiß. Unter seiner harten Schale verbirgt sich ein weicher Kern (Hirn), welcher in der Lage ist, Probleme problemlos zu knacken. Die Kombination seiner Spürnase mit seiner *tauben Nuß* befähigen ihn zu unvergleichlichen denkerischen Fähigkeiten, kurz „Denkste".

Der Glaube an und *für* sich!

Cartoon: Sokol

Es ist eigentlich überflüssig, darauf hinzuweisen, daß im Umgang mit Menschen der Religion eine wesentliche Bedeutung zukommt. Stellen Sie sich ruhig und ohne gleich beleidigt zu sein die Frage, warum ich diesen Umstand trotzdem für erwähnenswert halte.

Der Glaube des zu Umgehenden verrät Ihnen, ob dieser lieber einen, keinen oder mehrere Götter bevorzugt, ob diese fliegen oder zaubern können, ob fünf Frauen täglich zuviel oder zuwenig sind, ob er lieber aufersteht oder zur Schnecke reinkarniert wird, und schließlich bestimmt er auch, wie dieser zu grüßen pflegt. Es erweist sich nämlich nicht immer als glaubwürdig, ÖSELS mit *grüß Gott* anzusprechen. Es gibt unzählige nette Religionen, und jede beansprucht das Recht, die einzig wahre zu sein. Wer's glaubt, wird selig, wer nicht, kommt in die Hölle.

Um Ungläubige zu bekehren, lassen sich die Kirchen meines Erachtens die unglaublichsten Dinge – wie zum Beispiel das Vollbringen von Wundern – einfallen. Kennen Sie die *himmlische Anekdote,* in der den Jüngern bei einer Party der Wein ausging? Jesus half ihnen damals aus der Patsche, indem er Wasser in Wein verwandelte. Genauer gesagt, in Glühwein. Meine logische Erklärung, daß er dies ganz einfach mit ein paar Beuteln „Glühfix" vollbrachte, streiten die Geistlichen mit dem Verweis auf das Sprichwort „Im Wein liegt die Wahrheit" dezidiert ab.

ÖSELS gehören zum Großteil dem römisch-katholischen Glauben an. Auf den ersten Blick klingt das durchaus interessant, denkt man dabei nur an die ausschweifenden Feste im Rom der Renaissance. Seit die Kirche jedoch der Rechtschreibung des Wortes „Geschlecht" ein Komma hinzufügte (Ge, schlecht), haben sich die Moralvorstellungen dramatisch gewandelt („die Wandlung"), steckt die Kirche in einer Glaubenskrise.

Die Lehre der Kirchenoberhäupter ohne Unterleib, die besagt, daß Sex mit nur einem Partner (und erst nach der Heirat, ausschließlich zum Zwecke der Vermehrung) *brav* ist, widerspricht völlig dem Trend zu mehr Fitness und Ausgeglichenheit. Und Steuern, wie die Kirchensteuer, sind völlig aus der Mode.

In ist Austreten[1], obwohl dies schwieriger ist, als man anzunehmen

---

[1] Hinweis an zu kreative Leser: Mit Austreten ist nicht der Gang auf die Toilette gemeint.

vermag. Zuerst erhält man einen verdammenden Drohbrief, in dem geschrieben steht, was einem durch diesen Schritt alles entgeht. Heiraten ist passé, statt taufen soll man ersaufen, und beerdigen darf sich der Gottlose nur mehr selbst. Wie, steht nicht im Prospekt. Anschließend klopft es an Ihrer Haustür, und vor Ihnen stehen zwei Menschen (Engel?), die Sie bekehren wollen. Mit der Kehrwoche hat das im übrigen nichts zu tun.

Vielleicht wäre nun der Augenblick gekommen, nach lächerlichen 1992 Jahren Wartezeit, den Frauen die Möglichkeit zu höheren Würden und damit zu einer neuen Berufskarriere mit der höchstmöglichen Aufstiegschance (Himmel) einzuräumen. Päpstin Johanna II. ist überfällig.

Als Ex-Werbefachmann und Ex-Marketingexperte habe ich mich in der Hoffnung auf ein *höllisches* Leben nach dem Tod entgeltlos geopfert, mir Gedanken darüber zu machen, wie die überdimensionierten Kirchen, die in allen österreichischen Orten ab drei Einwohnern herumstehen, *wiederbelebt* werden könnten.

Denn *noch* ist es nicht zu spät, glaubt Werbe- und Medienmulti Hans Schmid:

99 *Noch glaubt der Österreicher mehr an den lieben Gott als an die Werbung. Es ist auch nicht einfach, die katholische Kirche zu überrunden, denn dieses Unternehmen war das erste, das Marketing und Werbung in Perfektion betrieben hat.* 66

Und dennoch: „Rhombergsche Werbevorschläge", zu Handen des „Heiligen Vaters" persönlich.

Ganz in Ihrer Nähe!

14.000 x in Österreich.

Die neue Kirche.

Modeschau

Jetzt in Mode

Die neue Kirche.

Die 10 Gebote

Bevor ich Ihnen, bekehrter Leser, verrate, wie Sie mit schwer religiösen Österreichern, mit ÖRELIKTEN, umzugehen haben, stellt sich die Frage, wie die Österreicher selbst zu der ihnen angezogenen Religion stehen.

Grundsätzlich ist zu bemerken: sie stehen mit schlampiger Haltung. ÖRELIKTE glauben in erster Linie an gerade das, an was sie gerade glauben wollen und was ihnen gerade in den Kram paßt. Zum Leidwesen der leiderfahrenen Kirche haben sie weiterhin ihre ganz persönliche Linie in der Auslegung der Zehn Gebote.

Die 10 *„Gebote der Stunde"*

1. *Du sollst keine anderen Götter neben Dir selbst haben.*
2. *Niemand darf Deinen Namen je falsch aussprechen!*
3. *Denke am Sonntag vor allem an Dich.*
4. *Ehre Dich, ob Du Vater oder Mutter bist oder wirst oder nicht.*
5. *Du sollst Dich nicht töten, auch wenn es für alle besser wäre.*
6. *Breche nicht, auch wenn Du schon lange in Ehe lebst.*
7. *Stehle nicht, und wenn doch, schaue um Gottes willen nicht verstohlen drein.*
8. *Lüge Dich nicht selbst an. Du kämest irgendwann vielleicht dahinter.*
9. *Du sollst nicht begehren den Dir gerade Nächsten.*
10. *Du sollst nicht begehren Deines Nächsten Hab und Hut.*
11. *Befolge die zehn Gebote. Das elfte gilt nicht als zusätzliches.*

Cartoon: Gerhard Haderer

Der „*Glaubenswitz*" des „blauen Politikers" Jörg Haider

99 *Ich (Jörg Haider) komme zufällig vor die Himmelspforte. Petrus macht die Tür auf, und der Herrgott fragt: ‚Mein Sohn, was machst denn du hier?' – ‚Was heißt hier Sohn, ich bin nicht dein Sohn, und außerdem sitzt du auf meinem Platz.'* **66**

Umgang mit ÖRELIKTEN

Hier nun, wie vereinbart, die wichtigsten Umgangsregeln mit ÖRE-LIKTEN im geschäftlichen Verkehr. Ich will wie so oft versuchen, Ihnen dies praxisnah und beispielhaft zu erläutern.
Angenommen, Sie haben einen österreichischen Kunden, einen ÖKU, der Ihre Rechnung trotz mehrerer Mahnungen bisher nicht bezahlt hat. Es ist Ihnen bekannt, daß dieser ÖKU ein ÖRELIKT, gesamthaft gesehen also ein ÖKURELIKT ist. Eine eigens auf diesen Umstand abgestimmte Mahnung wirkt hier *wahre* Wunder. (Siehe rechte Seite)

Allgemein wichtige Umgangsregeln mit ÖRELIKTEN

1. Greifen Sie beim Erstkontakt Ihrem ÖRELIKT nicht gleich an die primären Geschlechtsmerkmale.

2. Täuschen Sie beim Akt unbedingt Kinderwünsche vor. Hüten Sie sich vor Verhütung.

3. Geben Sie beim Fremdgehen vor, selbstverständlich verheiratet zu sein.

An Firma Beispiel
z. H. Hrn Beispielhaft

Beispielstraße 3/7
A-6666 Beispielhausen

Salzburg, am 12. Mai 19 . . nach Christi Geburt

Betrifft: Gottesmahnung

Sehr geehrter Herr Beispiel!
*Es ist schon ein Kreuz mit Ihnen. Mehrmals habe
ich Ihr Himmelfahrtsunternehmen bereits ermahnt,
mir meine offene Rechnung zu vergelten. Sie haben
jedoch in sündhafter Art und Weise, die einer Läste-
rung gleichkommt, nie darauf reagiert.*

*Ich bete Sie letztmalig an, Ihrer Bestimmung nach-
kommend, meine Rechnung, einem Opfer gleich,
unverzüglich zu vergelten und erhoffe eine diesbezügliche Empfängnis in den nächsten Tagen.*

*Sollte auch diese Ermahnung unfruchtbar bleiben,
werde ich Sie gerichtlich verdammen, was durch
die darauf folgende Exhuminierung den Untergang
oder zumindest die Vertreibung Ihres himmel-
schreienden Unternehmens zur Folge haben
könnte.*

*In Gottesvertrauen Ihre Hingabe erwartend,
zeichne ich
um Gottes willen*

Ihr . . .
Gutes Beispiel

Diese psychologisch äußerst gefinkelte Vorgangsweise ist in neunund-
neunzig Prozent aller Fälle von glorreichem Erfolg gekrönt. Sollte Ihr
Kontrahent jedoch ebenfalls psychologisch geschult sein, könnte es
Ihnen passieren, daß Sie folgende Antwort erhalten:
*Gott gab die Zeit, von Eile hat er nichts gesagt. In diesem Sinne ver-
bleibe ich . . .*

ÖSEL-Umgangstip von Fernsehkaplan August Paterno

*Mit Österreichern ist gut umzugehen, weil es doch nicht so viele gibt.
Noch leichter wäre es, wenn Österreich die Bevölkerungszahl von
Liechtenstein, San Marino oder Andorra hätte. Dies betrifft allerdings
nur die Problematik, die sich im Umgang mit vielen Menschen ergibt.
Von der Qualität des Umgangs ist hier nichts ausgesagt. Dabei habe
ich an mir selbst entdeckt, daß es nicht schlecht ist, wenn man mit uns
Österreichern wie mit Menschen umgeht. Weiters konnte ich beobachten, daß manche Österreicher es auch lieben, wenn man mit ihnen ,menschlich' umgeht. Allerdings gibt es auch einige – vor allem
im Osten – die nicht so sehr oder gar nicht damit rechnen, daß jemand mit ihnen menschlich umgehen könnte. Sie stellen von vorneherein im Kontakt mit anderen ihre raunzerischen Stacheln auf.
Das hat nun für den ,Umgänger' einen Vorteil, er hat nämlich einen
Grund und Beweis dafür, daß er mit ihnen nicht ,umgehen' muß,
obwohl gerade diese insgeheim sehr scharf den Umgang mit ihnen
beobachten.
Im allgemeinen, aber nicht verallgemeinernd, kann ich für mich fest-
halten: Der Österreicher ist hauptsächlich, weil er ,umgänglich' ist,
für Umgang zu haben. Es sollte dann aber dieser Umgang tatsächlich
um-gänglich sein.
Dabei geht man, ihn toleranterweise umkreisend, um ihn und seine
Eigenheiten herum und wird ihn dann nach der Umrundung zu-
gänglich finden.*

April, April!

> *Die Vielfalt des Österreichers gleicht dem Wetter mit seinen unbe-*
> *schränkten Spielarten. Deshalb ist es auch so schwierig, in diesem*
> *Land eine Wettersendung zu machen. Jeder glaubt, es besser zu wis-*
> *sen.* **❝**

Carl Michael Belcredi, Fernseh-Wettererahner

Was gibt es Wichtigeres als das Wetter? Wie oft entscheidet es, ohne
auf uns Rücksicht zu nehmen, über unseren Alltag?
Eben deshalb, und deshalb zu Recht, reden wir Österreicher mehr
über das Wetter als über das Leben. Obwohl es gerade oft das Wetter
ist, das unser Leben bestimmt. Was nichts anderes heißt, als daß wir,
wenn wir über das Wetter reden, eigentlich über das Leben sprechen.
Paradox, nicht wahr? Ein Paradoxon ist es also, das Wetter in Österreich. Im Winter saukalt, im Sommer sauheiß, der Frühling und der
Herbst oft durch Regen versaut. Oder alles umgekehrt, sprich: Der
Winter sauwarm, der Sommer saukalt, der Frühling und der Herbst
durch Regen *tuasrev*. Nur wer wirklich Sau hat oder ist, trifft oder sieht
das anders.
Wollen Sie beispielsweise morgen segeln gehen und verschieben dies
deshalb auf übermorgen, weil Sie annehmen, daß es an dem Tag, an
dem Sie ursprünglich segeln gehen wollten (nämlich morgen), sowieso keinen Wind gibt, werden Sie übermorgen zu Recht erzürnt
feststellen, daß es gestern zwar wunderbar windig, heute jedoch wunderbar windstill ist. Jahrestemperaturunterschiede von *60 Grad nach*
Celsi Geburt sind keine Seltenheit. Und dann noch der Föhn. Er ist
an allem schuld. An Kopfweh, Zahnweh, amputiertem *Bein-Schein-*

Weh, Kreuzweh, Wehweh, Schwindel, an Pech im Spiel und in der Liebe. Föhn ist schlimm. Föhn gehört von Gesetz wegen verboten, gelöscht. Aber um die wirklich wichtigen Dinge kümmern sich die wenigen Damen und vielen Herren Politiker bekanntlich wenig.

Das österreichische Wetter hat seine Vor- und Nachteile. Sie fragen sich nach den Vorteilen? Da gibt es *jede Enge:* Die Schadenfreude darüber, daß trotz Regenvoraussage die Sonne scheint, daß Sie statt skifahren wandern, statt Federball spielen segeln, statt faulenzen abwaschen dürfen. Einzige Ausnahme: *Baden gehen* können Sie in Österreich immer.

Eine Bitte möchte ich in meteorologischem Zusammenhang noch an alle Erziehungsberechtigten und Medienvertreter richten: Sprechen Sie nicht von Gut- oder von Schlechtwetter. Das ist einerseits schlichtweg unrichtig, andererseits psychologisch unklug. „Morgen ist es schlecht" oder „Wie immer, das Wochenende über schlecht" sind im Sprachgebrauch verankerte Redewendungen für Tage ohne Sonnenschein auf Erden – was an und für sich schon Blödsinn ist.

Richtig ist vielmehr, daß auch Regen, Wolken oder Nebel sehr schön sind. „Freuen Sie sich auf einen wunderschönen, verregneten Sonntag, mit prachtvollen, über unser Land ziehenden dunklen Wolken und einem dichten, ja fast dichterischen Nebel." Wäre das nicht eine *schönere* Wettervorhersage? Das ist keine *modern art of positivem Denken* um jeden Preis, kein Optimismus via Äther, sondern einfach eine andere Form der Darstellung.

Hundertjähriger Bauernkalender

Ob Regen, Sonne oder Föhn,
in Österreich ist's immer schön.
Kannst du vor lauter Nebel die Hand nicht mehr vor Augen sehen,
kannst du auch nicht mehr nach Hause gehen.
Bist du eingeschneit, von Schnee umwoben,
gilt dasselbe, siehe oben.
Ob am Berg, im Tal, im Bett,
mit ÖSELS hast du's immer nett.
Drum komme, Tourist, zu uns ja wetterfest,
sonst gibt dir das Wetter bald den Rest.

94

Die sexte Versuchung

Kontaktaufnahme mit einem Ösel

>> *Ich hatte immer eine Schwäche für Österreicherinnen, und zwar in solchem Maß, daß, wenn mir eine Frau gefällt, dann kratze ich ein wenig an der Oberfläche, um die Österreicherin zu suchen.* <<

Ephraim Kishon

Zeichnung: Edith Gmeiner

Ob Ausländer, Tourist oder Österreicher, das Kapitel „Kontakt" hat alle aufrecht gehenden Lebewesen unserer Gattung zu interessieren. Schließlich geht es im Leben und in Österreich nicht um Geld oder Geltung, Sinn oder Unsinn, Bildung oder Einbildung, sondern nur um eines, um die Liebe. Die Liebe zum Nächsten, *beziehungs-weise,* da man sich schließlich selbst der Nächste ist, zum Übernächsten.

Ausgangslage

Sie sind Österreicher in Österreich und wollen Kontakt mit Österreichern in Österreich herstellen. Oder Sie sind Österreicher im Ausland und wollen Kontakt mit Österreichern im Ausland. Oder Sie sind Ausländer in Österreich und wollen Kontakt mit Österreichern in Österreich. Oder Sie sind Ausländer im Ausland und wollen Kontakt mit Österreichern im Ausland. Ein bißchen viel Österreich, finden Sie nicht auch?

Vorgangsweise

Schritt 1

Beschreiben Sie zunächst so genau wie nur möglich das Objekt, mit dem Sie in allfälligen Kontakt treten wollen. Ich will Sie dabei nicht beeinflussen, empfehle Ihnen aber, eine helle Hautfarbe zu bevorzugen, da die Auswahl an bleichhäutigen, sprich beigen Österreichern, am umfangreichsten ist.

Schritt 2

Schwärmen Sie aus und suchen Sie Ihr Zielobjekt. Dafür stehen Ihnen in Österreich zahlreiche öffentliche Einrichtungen zur Verfügung.

Schritt 3

Sie orten Ihr Zielobjekt. Damit haben Sie bereits fünfzig Prozent Ihrer Vorgabe erreicht. Nur: die zweiten fünfzig Prozent entscheiden über den Erfolg.

Verfolgen Sie das UFO[1]. Versichern Sie sich irgendwie, daß es sich um das von Ihnen gewünschte Geschlecht handelt.

Schritt 4

Warten Sie nicht den *richtigen Augenblick* ab, dieser könnte zu spät sein. Beispiel: Das Ziel sitzt Ihnen im Café gegenüber. Sie warten, bis Sie vom UFO entdeckt werden. Die Zeit vergeht, Stunden verstreichen. Bevor es aber zu dem von Ihnen gewünschten Effekt kommt, kommt jemand anderer. Aus dem UFO wird ein UGO[2].
Erregen Sie demzufolge umgehend die Aufmerksamkeit des Objektes. Dafür stehen Ihnen die im folgenden angeführten Erregungshilfen oder Ihre eigenen Phantastereien[3] zur Auswahl.

Erregungshilfe 1

Zeigen Sie erst Ihr Desinteresse. Das erweckt beim österreichischen UFO nicht selten Interesse. Pfeifen Sie die österreichische Bundeshymne oder trällern Sie einen aktuellen Hit aus der volkstümlichen Hitparade vor sich hin. Bewegen Sie dazu Ihre Hände, als spielten Sie selbst lässig-locker die Ziehharmonika. Das macht selbst müde UFOS munter.

Erregungshilfe 2

Ihr Desinteresse stößt interessanterweise nicht auf Interesse. Interessant. Ändern Sie die Taktik. Erregen Sie bei Ihrem Ziel gezielte Aufmerksamkeit. Beispiel: Verrichten Sie an Ort und Stelle Ihre (kleine) Notdurft. Das fällt auf, wirkt selbstsicher und doch überaus natürlich. *Andere Länder, andere Sitten.*

---

[1] Unbekannt fälliges Objekt
[2] Unbekannt gebliebenes Objekt
[3] Annahme des Autors

Schritt 5

Das *Objekt* ist auf Sie aufmerksam geworden. Damit haben Sie nicht gerechnet und doch neunzig Prozent Ihrer Vorgabe erreicht. Gratulation. Jetzt dürfen Sie in Ihren Bemühungen nicht nachlassen.

66 *Der Österreicher hat es gern, wenn man ihn hofiert, ihm schmeichelt, ihm 's Goderl kratzt, auf deutsch g'sagt. Kritische Auseinandersetzungen liebt er weniger, da er sich dann meist in seiner, wie soll ich sagen, seiner lahmarschigen Idylle gestört fühlt. Das ist der Negativösterreicher, aber der ist leider in der Überzahl.* **99**

Stefanie Werger, Sängerin

Werden Sie direkt, ob Sie es sind oder nicht. Am einfachsten, Sie sagen das, was Sie auch wirklich wollen. Erstens ist das ehrlich, und zweitens fällt Ihnen das am ehesten ein. Sollten Sie nicht wissen, was Sie wollen:

Sprechhilfen

1. „Ich würde Sie gerne nur kennenlernen, vorerst."

2. „Sie haben hübsche Sachen an Ihrem Körper."

3. „Sie sind sehr intelligent, glaube ich."

4. „Entschuldigen Sie mich . . ."

5. „Ich bin sprachlos. Bitte helfen Sie mir."

6. „Lieben Sie Klassik? Ich hatte auch einen Klassenkameraden."

7. Fehlt.

8. (UFO ist glatzköpfig). „Sie hatten sicher einmal schönes Haar. Das sieht man heute noch."

Sprechhilfe von Heimatfilmregisseur Franz Antel

❞ *Es trifft in Hamburg ein Herr eine ältere, nicht besonders gut ausse-
hende Dame: ,Na, sagen Sie, gute Frau, Sie sehen aber heute nicht
besonders aus, wohl schlecht geschlafen?'
Dasselbe in Österreich: ,Jössas, gnä' Frau schaun aber gut aus, zwanzig Jahre jünger!' Es ist zwar eine Lüge, aber es ist manchmal viel
charmanter, eine Lüge auszusprechen als die Wahrheit. Die österreichische Wesensart ist einfach so, da kann man nichts machen. Aber
ist es nicht viel liebenswürdiger und menschlicher auf diese Art?* **❝**

Kontaktaufnahme Marke „Versteckte Kuh"

Schritt 6

Sie haben 99 Prozent Ihrer Aufgabe bewältigt. Nun gilt es, das Ihnen schon zu Füßen liegende UFO zu einem weiteren Treffen zu verladen. Verabreden Sie sich mit dem UFO. Denken Sie dabei an Ihre Gedächtnislücken (?). Treffen Sie für das Treffen vortreffliche Vorkehrungen. Vereinbaren Sie, daß, sollte sich eine der Beutelratten[4] nicht mehr an die andere erinnern, zur Sicherheit ein Gegenstand in der Hand gehalten wird. Setzen Sie ein Zeichen, wählen Sie das Buch „Der richtige Umgang mit einem Österreicher". Täuschen Sie Lesefähigkeit vor.
Ein Letztes: Haben Sie das Buch nicht griffbereit, nehmen Sie einen anderen Gegenstand, beispielsweise ein Foto. Bitte aber keinesfalls ein Selbstportrait. Denn: Kann sich das UFO nicht mehr an Sie erinnern, erkennt es Sie auch nicht an Ihrem Foto.

Keine Kontaktschwierigkeiten mit Kammersänger Heinz Holecek

❞ *Keine Kontaktschwierigkeiten hat der, der nach dem Motto lebt: ‚Die Lage ist hoffnungslos, aber nicht ernst.' Wenn der Österreicher spürt, daß sein Gegenüber nicht alles todernst nimmt, muß man schon besonderes Pech haben, wenn man auf jemanden trifft, der einem nicht wohl will. Und wenn er einmal Sympathie gefaßt hat, dann hat er die Fähigkeit, wie nur ganz wenige Menschen auf der Welt, sich sehr, sehr aufzufächern im Verstehenwollen des anderen.* ❞

---

[4] Übernommen von Dame Edna

Fahrschule

Kennzeichen „A"

> *Der österreichische Autofahrer ist ein Mittelding zwischen den emotionalen Italienern, die sehr gute Autofahrer sind, und den konservativen, immer belehrenden Schweizern.*

Niki Lauda

Was die österreichischen Autofahrer von Gerhard Berger unterscheidet? Berger kann autofahren. Aber immerhin, die Österreicher glauben an sich: rund zwei Drittel glauben sogar, exzellente Lenker zu sein. Manche dieser *Exzellenzen* bleiben auf der Strecke, da sie den zweiten Unterschied zu Gerhard Berger nicht kennen: Er hat keinen Gegenverkehr.

Die österreichischen Lenker, im folgenden kurz BLINKER genannt, sind keine schlechten Fahrer. Schlecht könnte es einem nur werden, beziehungsweise ergehen, wenn man etwas zu langsam fährt, was erst unlängst einem sehr vorsichtigen „Schneckenlenker" widerfuhr. Der ungeduldige Blinker hinter ihm hupte, blinkte, versuchte wiederholt zu überholen. Als es ihm endlich gelang, stoppte er die „Mutter vom Porzellanhaus" und machte sie in Ausübung von Selbstjustiz zur Schnecke, indem er sie kurzerhand niederstach. Aber das sind Ausnahmen. Alles Ausnahmen.

Die Schuld an den Ausnahmen sprechen Verkehrspsychologen den vielen Bergstraßen in diesem Land zu. Die *Herumkurverei* macht die Blinker verständlicherweise schwindlig. Daher kommt es auch, daß man von *schwindligen Fahrern* spricht.

Wie weiß man nun, ob man einem Blinker zu schnell oder zu langsam fährt, wie man Fußgänger geschwind an- oder überfährt, jemanden auf der Straße überholt oder rasant von der Straße runterholt? Die

Faustregel lautet: Werden Sie von einem Jogger überholt, fahren Sie eindeutig zu langsam. Versucht Sie hingegen ein *sirenendes* Polizeimotorrad vergeblich einzuholen, fahren Sie deutlich zu schnell. Dasselbe gilt für den Fall, daß Sie ein bemanntes Flugobjekt hinter sich lassen.

Gesetzwidriges Handeln kann übrigens die Alpenrepublik für Sie zur *Alptraumrepublik* werden lassen. Vor einigen Jahren wurde ein junger Österreicher wegen eines unbedeutenden Vergehens über Nacht in den Kellerarrest eines dörflichen Polizeireviers gesteckt und dort von den Beamten über zehn Tage schlicht und einfach vergessen.

Die dicken Mauern des alten Gebäudes reagierten auf die verzweifelten Hilferufe des Inhaftierten erstaunlich schallisolierend, so daß dieser seinen Durst mittels Urin und den Hunger mit dem Verzehr seiner zerkleinerten Schuhsohle zu stillen versuchte. Als man ihn endlich und entgegen anderslautenden schadenfrohen Gerüchten *ohne* Serviette um den Hals entdeckte, war der Skelettierte verständlicherweise halbtot, konnte aber gerade noch gerettet werden. Die wahre Geschichte dieses Mannes, der sich als weitaus zäher als seine Schuhsohle erwies, ging damals um die halbe Welt.

Zurück zum Thema. Der richtige Umgang mit Blinkern bedarf einer fundierten *verkehrt*-psychologischen Kenntnis der verschiedenen Blinkertypen.

Auf-Blender

Fenster weit geöffnet, Musik extrem laut, spiegelverglaste Sonnenbrille tragend und damit ständig aus dem Fenster glotzend.

Bremser

Rechter Fuß auf der Bremse, rechte Hand an der Handbremse, linke Hand am Türöffner. Ängstlicher Blinker, der Sie ausbremsen will. Vertreter von *Tempo 30* auf Autobahnen.

Kennzeichenfetischist

Seit der Erfindung der Wunschkennzeichen ist ein neuer *Fetischismus* unter den Blinkern zu beobachten.

Zeichnung: „Gerry" Teigschl

Auf-Fahrer

Verursacher der Stoßstangenerfindung. Fährt aus möglicherweise sexuell motivierten Gründen extrem nahe auf den Vordermann/Frau auf. Immerhin: keine Aids-Gefahr.

Großspurige Blinker

Auch *Spoiler* genannter Fahrer, den man stets an seinem weit geöffneten Maul erkennt. Rest wie *Auf-Blender*.

Vergaser

Demonstriert durch minutenlanges, heftiges Betätigen des Gaspedals vor der möglichen Anfahrt, daß er seine phlegmatischen Vorderleute am liebsten vergasen würde.

Rechtsradikaler

Überholt, ohne aus der Geschichte gelernt zu haben und ohne Rücksicht auf Verluste, gerne rechts.

Aussteiger

Entsteigt seinem Fahrzeug, ohne auf den Verkehr zu achten.

Pendler

Besonders gefährlicher Blinker, der ab zwei Promille auf der Straße herumpendelt.

Huperchonder

Musikalisch veranlagter Blinker, der durch dauerndes Herumfummeln an seiner Hupe offenbar Höhepunkte erlangt.

Verkehrszeichen sind Auslegungssache

Für Ausländer auf Österreichs Straßen zu beachten: Die ÖSEL-eigene Auslegungsart verschiedenster Verkehrszeichen.
Dazu Rainhard Fendrich:

In meinem Heimatort fahre ich mindestens schon zum tausendsten Mal an einer Stopptafel vorbei. Ich weiß auch, daß sie dort steht, mache aber kein Fullstop, sondern rolle hin, schau', ob etwas kommt, und fahr' dann weiter. Doch neulich steht dort ein Gendarm und straft mich, obwohl er genau weiß, daß ich hier wohne. Aber ‚Vurschrift is Vurschrift – gemma, gemma.' Gegen solche Dinge kämpfe ich, seit ich ein kleiner Junge bin.

Öselanische Verkehrszeichenerläuterung

Vorsicht, *beschränkte* Fahrer

Achtung, Ausländer

Vorsicht, *Blinde* am Steuer

Achtung, *geile* Böcke

Leicht erregte Linkskurve

Kondomverleih

Malwettbewerb

Lustige Fahrbahn

Vorsicht, Sittenstrolche

Volksmusik verboten

Vorsicht, *Flaschen* unterwegs

Vorsicht, Frau am Steuer

Achtung, *Bullen*

Himmel-Fahrts-Kommando

Zoll

Zensurierte Fahrbahn

Privater Gedanke des Autors

Tag: Ein Montag im Winter.
Ort: Eine Turnhalle in Vorarlberg.

Ich sitze auf einer Turnbank und warte auf meinen unwichtigen Einsatz mit meiner vier Mann *starken,* bunt zusammengewürfelten Fußballmannschaft, die nur zeitweise eines gemeinsam hat: das Café.
Während acht Menschen kreischend und grölend einem Ball nachjagen, ergreift mich ein kluger Gedanke, der mich vorerst nur auf mein überdurchschnittliches Allgemeinwissen aufmerksam macht: Vincent van Gogh.
Dann aber folgt die Ernüchterung: Wird es mir wie ihm ergehen? Werden auch meine Werke erst nach meinem bedauerlichen Tod bedeutend und schwer im Sinne von milliardenschwer? Muß auch ich ein zu Lebzeiten (erb)ärmliches Dasein fristen, um dann im Grabe nicht mehr bemerken zu können, daß meine Bücher neunstellig versteigert werden?
Pfiffe ertönen. Meine Mannschaft *muß* auf das Spielfeld. Gedankenversunken schieße ich wenig später ein unbedeutendes Tor, welches meine Bedrücktheit noch weiter verstärkt.
Bleibt nebenbei zu erwähnen, daß es sich um ein Eigentor handelte.

Die Ö-Manie

Sie sind eingeladen. Zum Essen. Zum Tanzen. Zum Geschlechtsverkehr. Ins Kino. Ins Theater. Und jetzt? Wie benehmen Sie sich im Umgang mit einem *ÖSEL,* ohne unangenehm aufzufallen?
Knigge ist überholt, dafür steht *Rhomberg* in der Alpenrepublik kurz vor dem *Ausbruch* in Sachen „Richtige Ö-MANIE für den gesellschaftsfähigen Verkehr!" Ein weiterer Leistungsbeweis des Österreich-Führers ohne Führungsanspruch.

Zeichnung: Ironimus, 1957

Die Tisch-Manie

Althergebracht sind verkalkte Überlieferungen, die noch heute des öfteren aufgetischt werden. Beispielsweise, daß der gefräßige Esser das Besteck von außen nach innen zu verwenden hat. Derzeit gilt in Österreich vielmehr *Besteckwahl nach Schwierigkeitsgrad der einzunehmenden Speise*. Hammer & Sichel sind allerdings *out*.

Humanitäre und biologische Vorgangsweisen diktieren hierzulande das moderne Eßgeschehen. „Wer nicht kommt zur rechten Zeit, der muß essen, was übrig bleibt", wurde in humanitärer Hinsicht mit „Wer zuerst kommt, ißt zuerst" wesentlich vermenschlicht.

Der biologische Vorteil liegt in der Resteverwertung. ÖSELS sind zu Allesfressern, zu modernen Restmüllverwertern geworden. Damit wurde in Österreich auch die bekannte „Gretchenfrage" ein für allemal geklärt: Beim Fischgericht werden nun ebenso die *Gretchen* verzehrt.

Auch in der *Trinker-Manie* hat die moderne Zeit bedeutende Änderungen verursacht. So ist es heute möglich, die doppelten Mengen an Alkohol in derselben Zeit wie früher zu konsumieren. Fortschritte also nicht nur in der Kalorien-, sondern auch in der Promilleentsorgung.

Die Taschentuch-Manie

Sie kennen das: Frau will Mann kennenlernen und läßt Taschentuch fallen. In Zeiten der Umweltverschmutzung werden diese verstaubenden Anredeformen unter den Tisch gekehrt. Die Frau mit Zeitgeist läßt demzufolge heute zeitgerechtere Utensilien fallen wie Walkmen, Laptops oder – um Mißverständnissen vorzubeugen – Kondome. „Entschuldigen Sie, meine Gnädigste Moderne, Sie haben Ihr gefälliges Kondom verloren", ist eine in Österreich beliebte *Aufregeform*.

Die Pünktlichkeits-Manie

99 *Der Schweizer ist ein präziser Mensch, wenn da mal etwas abgemacht wird! Aber hier in Wien kann es schon mal passieren, daß man ein ‚Stündchen' später kommt – das gibt es bei uns nicht.*

110

Dafür nimmt man das Leben hier sowieso leichter. Die Österreicher sind viel geschliffener, viel freundlicher, viel höflicher. Wir sind da etwas hölzern. **66**

Meint der Schweizer Schauspieler Walter Roderer, alias „Nötzli"

Die Mantel-Manie

Wer hat wann zuletzt einen jungen Mann dabei ertappt, als dieser einer Frau in den Mantel half? Der Ursprung dieser Geste lag nicht, wie der *manierte* Leser vielleicht annehmen mag, in einer fortgeschrittenen, rheumatisch bedingten Unbeweglichkeit des weiblichen Geschlechts. Im Österreich 2000 wird auch auf diese *Manie* mehr oder weniger mehr verzichtet. Der moderne Mann will damit andeuten, daß er zwar gerne beim Ausziehen, ungern jedoch beim Anziehen behilflich ist.

Die Bett-Manie

Um im Kontext zu bleiben: Auch das Verhalten im Bett, das *Manni-fest,* wie es Machos zu nennen pflegen, hat sich in den letzten Jahren dramatisch geändert. Der Mann ist heutzutage nicht mehr bevorzugt obenauf, sondern wird gezielt zur Seite gelegt. Im Nachspielverhalten kommt es häufiger zu Bedenk- als zu Gedenkminuten.

Die Fernseh-Manie

Das althergebrachte gutbürgerlich langweilige Zwiegespräch rückt ins Abseits. Moderne Gesprächsführung bedarf eines hohen Wissensgrades über das aktuelle Seriengeschehen im Fernsehen. „Wie geht es dem Patienten aus der Schwarzwaldklinik?" oder „Wo legt heute das Traumschiff an?" bestimmen den zwischenmenschlichen Sprachgebrauch. Übrigens: Das KIND nennt man inzwischen „KID".

Sie sehen, vieles hat sich in der *Altenrepublik* verändert, nicht zu vergessen die *Lese-Manie.* In Österreich werden Autoren zwar immer seltener gelesen, aber noch viel seltener gelobt und gepriesen. Denken Sie daran. Beten Sie täglich vor dem Lesen für Ihren Autor das „Autor-Unser".

„Autor-Unser"

Autor unser,
hoffentlich noch nicht im Himmel,
geheiligt werde Dein Name,
Dein Reichtum komme,
Dein Wille geschehe,
wie im Himmel, so bleib auf der Erde.
Unser tägliches Lesebrot gib uns heute
und vergib uns unsere Kritik,
wie auch wir vergeben unseren Kritikern.
Führe uns nicht mit weiteren Büchern in Versuchung,
sondern erlöse uns von uns Bösen.

We are the champions

Es lebe der Sport

Der einfachste Weg, ein österreichischer Nationalheld zu werden, führt über den Sport. Dem Rest der Welt muß gezeigt werden, daß es dieses kleine Land in sich hat: in den Beinen und in den Armen.

ÖSELS fühlen beim Sport so stark emotionell mit, daß etwa bei einem Motorschaden von Gerhard Berger zahlreiche *Boxenstops* von Herzschrittmachern zu verzeichnen sind, beim Sturz eines Abfahrers tausende Österreicher über Miniskusschmerzen im Arm klagen oder nach einem Schwimmerfolg Aquarien reißenden Absatz finden.

An dieser Stelle muß nun einmal gesagt werden, daß wir Österreicher in sämtlichen Sportarten die Nummer eins der Welt *wären,* wenn die Voraussetzungen hierfür geschaffen würden. Nur kleine Änderungen an den Sportgeräten wären dazu notwendig.

Der Degen sollte, natürlich lediglich für unsere Athleten, um ein bis zwei Meter verlängert, das Wasser im Schwimmbecken auf 30 cm gesenkt, das Tennisfeld des Gegners um 15 m² vergrößert werden. Unserem *großen* Gerhard Berger ist, wie jeder weiß, das Auto einfach zu kurz. Ein drei Kilometer längerer Bolide würde ihm zu so manchem Sieg völlig ausreichen.

Und im Fußball? Ballführen ist out, *Schmähführen* ist der gerade Weg zum Tor, der Österreichs *Ballistiker* zum Weltmeister machen könnte.

Olympiasieger Peter Seisenbacher:

Ich glaube, da gibt es nur ein Problem, daß das Ausland unser hohes Wissen um den Fußball noch nicht erkannt hat. Wir haben da einen hohen Kulturstand erreicht. Unsere Fußballer wissen einfach, daß Fußballspielen nicht laufen heißt, sonst würde es ja in die Leichtath-

113

letik fallen. Dort ist das Laufen gefragt. Im Fußball ist es das Kicken und Schmähführen auf dem Feld. Aber das wird sich sicher noch durchsetzen. Das Ausland wird erkennen, daß das der einzig richtige Stil des Fußballspielens ist. Und dann werden sie uns wieder gewinnen lassen. Momentan sind die anderen aber noch nicht so weit. 66

Der Nationalstolz

Einen wichtigen Beitrag zum Nationalstolz leisten die Sportreporter. Nicht nur, daß der ORF frauenfeindlich viel Sportberichterstattung sendet, auch die Art der Berichterstattung selbst ist ganz auf unser Land abgeschirmt.

Beispiel: Interviewführung eines österreichischen Reporters mit einem fiktiven ausländischen Sieger eines Slaloms, sagen wir mit einem Schweizer.

Reporter: „Herr Grüzli, haben Sie der österreichischen Mannschaft diese hervorragende Leistung (3., 4. und 5. Platz) zugetraut?"
Grüzli: „Auf jeden Fall, die Österreicher sind hervorragende . . ."
Reporter: „Weshalb, meinen Sie, sind wir Österreicher so stark gefahren?"
Grüzli: „Sie sind sehr intelligente Fahrer, sie haben viele Stangen stehen gelassen und immer gewußt, wo's durchgeht . . ."
Reporter: „Glauben Sie auch, daß Österreich bei der WM zu den Favoriten zählt?"
Grüzli: „Mit Sicherheit, die Österreicher gehören zur Spitze, außer sie . . ."
Reporter: „Danke, Herr Grüzli . . . Glückwunsch – auch zu Ihrer persönlich netten Leistung. Und hier noch einmal das Gesamtergebnis. Dritter Platz: Österreich! Vierter Platz: Österreich! Fünfter Platz: Österreich! Zwölfter Platz: Österreich! Ich wiederhole für alle, die erst jetzt zugeschaltet haben . . ."

Erich Eibl: „We are the champions"

Vom Breitensport zum Spitzensport

Es ist Montag morgen, 10 Uhr 15. Sie sind der geborene Österreicher und haben gebührend verschlafen. Sie laufen in 4,8 Sekunden zum Kühlschrank. Während Sie sich mit einer Linzerschnitte mit Schlag und einer schweinischen Wurst auf vollem Weißbrot Ihr gesundes Bio-Kraftfutter zuführen, durchblitzt Sie ein folgenschwerer Gedanke: „4,8 Sekunden! Grandiös[1]! Schneller als Adolf Gscherer aus Krumbach. Ich werde Rennläufer."

GRETE WOLFRAM
Preisgekrönte Athletin und Keulenschwingerin
Inhaberin des Deutschösterreichischen Damenrekord im Stoßen.

Anno dazumal: „Spitzen"-Sportlerin
Grete Wolfram

Beflügelt durch das Riechen der Gagen, beenden Sie Ihre morgendliche Mahlzeit, indem Sie aus 3,15 Meter Entfernung eine Restwurst (österr: Dauerwurst) in den Wurstkorb (Papierkorb für Wurst) werfen. *Bingo!* Der vorwurstliche Gedanke an eine Läuferkarriere erscheint Ihnen nur mehr banal. Sie sind der geniale Basketballer (Wurstkorbspieler), denken Sie. „Hurra, ich denke, fällt Ihnen auf, ich bin ein Intellektueller . . ., der erste österreichische intellektuelle Rennlaufwurstkorbspieler . . ."
Sollten sich ähnliche Zwischenfälle in Ihrem Hirn jemals abgespielt haben, muß ich Ihnen mitteilen, daß so einfach der Weg zum österreichischen SPEZI (Spitzensportler) nicht ist. Nur weil Sie allen „den Buckel runterrutschen können", sind Sie noch lange kein Franz Klammer.

[1] Kommt aus dem Französischen, *grande Ös,* Abkürzung für große Österreicher

116

Test: **Sind Sie ein ÖSEL?**

Legen Sie sich einen Ball fünf Meter vor ein sieben Meter breites, unbemanntes Tor. Sie haben zehn Versuche, dieses Tor zu treffen. Sollte kein Versuch gelingen, sind Sie Österreicher.

Vom Spitzensport zum Breitensport

Diesen einfacheren Weg gehen viele ÖSELS. Manche laufen auch.

Jogger

Man trifft sie überall im Bundesgebiet an. In Fitnessparkuren ebenso wie auf Feldwegen, Gehsteigen oder Autobahnen. Sehr egoistisch. Sie joggen mit besonderem Vergnügen und mit vergrößerten Lungen auf Hauptdurchzugsstraßen und schnuppern somit dem normalen Fußgänger den Großteil der guten Abgase weg.

Bodybuilder

Tragen ihre Muskeln als Modeschmuck. Nicht immer ist ihr Schweiß von Erfolg gekrönt.

Skifahrer

Ein utopisch veranlagter Zeitgenosse, der in astronautenähnlichen Anzügen die winterliche Bergwelt pflügt. Tritt hauptsächlich im Winter auf.

WARNUNG AN ALLE ÖSTERREICHISCHEN SKIFAHRER:

IMMER MEHR DEUTSCHE SKIURLAUBER VERWENDEN SOGENANNTE SKISÄRGE, UM DARIN ÖSELS ALS SOUVENIR AUSSER LANDES ZU SCHMUGGELN!

Schneeschuh-Doppelsprungläufer

Wieder stark im Kommen

Fahrradfahrer

Erotische Menschenschar, die sich, auf einem Sattel sitzend, durch ständiges Treten stimuliert. Aus mir unbekannter Ursache verwenden Herren Herrenräder, Damen Damenräder. Dabei ist die zusätzliche Stange bei Herrenrädern gerade für Menschen mit hängendem *Geschlechtszeug* bei allfälligen Stürzen mehr als unangenehm.
Aufruf an alle männlichen Fahrradfahrer: Emanzipiert Euch, steigt um auf Damenräder und erklärt diese zu Herrenrädern!

Tennisspieler

Achtung: Tragen stets Schläger bei sich! Gutmütige schupfen damit einen vorwiegend gelben Ball über ein löchriges Tuch. Anfänger sind jedoch meist damit beschäftigt, diese gelben Bällchen aufzuheben. Kindische Freude erzeugt beim Tennisspieler das Gelingen eines Aufschlags.

Drachenflieger und Paragleiter

Bevor Sie selbst in die Luft gehen, greifen Sie lieber zum Typ *Luftikus*. Es sind wagemutige Menschen, die Vogel genug haben, durch die Lüfte zu gleiten. Im Unterschied zu ihren Artgenossen ergeben sich allerdings Probleme bei Zwischenlandungen auf Starkstromleitungen.

Taucher

Angenehme, weil unauffällige Zeitgenossen, solange sie tauchen. Bei der Ausübung ihres Sports meist Nichtraucher. Gute Zuhörer, halten lange den Atem an.

Trainer

In Österreich gibt es ca. sieben Millionen Trainer, die alle wissen, wie es besser geht. Die Ausbildung erstreckt sich scheinbar auf alle Disziplinen. Jemand, der einmal in der Woche Fußball spielt, ist auch ein guter Coach für Autorennfahrer.

Peter Seisenbacher, zweifacher Olympiasieger im Judo

Die österreichische Berufung

Professioneller Umgang mit wem, ist die Frage, dem sich dieser Buch-
abschnitt widmet. Einleuchtenderweise besteht ein entscheidender
Unterschied zwischen einem Banker und einem Punker, zwischen
einem Bauern und einem Brauer, zwischen einem Abgeordneten und
einem Ungeordneten. Der folgende kurze Kreuzzug durch die Land-
schaft typisch österreichischer Berufe wird Sie näher darüber informieren.

Der Ö-Politiker

Inszenierung „Haider, der Märtyrer" (Zeichnung: Dieter Zehentmayr)

Die Politik hat in unserem Lande ein hohes Niveau, gewährleistet doch das Reinhardt-Seminar eine fundierte Schauspielausbildung. Einziger Ausweg auf Grund der brachliegenden Filmindustrie stellt für dessen Absolventen ein Überlaufen in die Politik dar.

Für die *schwarzen Politikerschafe* aller Parteien wurde in Österreich eigens der sogenannte *Pollen-Warndienst* eingerichtet. Die umgänglichste und erfolgreichste Zeit hat der Politiker während des Faschings, genauer gesagt, nach Übergabe der Rathausschlüssel an den Faschingsprinzen.

99 *Der Österreicher geht von der Tatsache aus, daß Politiker Menschen wie du und ich sind, und hat daher von ihnen die allerschlechteste Meinung. Darum ist er unglaublich vorsichtig Politikern gegenüber – er kennt sich ja selber.* **66**

Teddy Podgorski, ORF-Generalintendant anno 1990

Der Skilehrer

Was in Italien der Bademeister, ist in Österreich der Skilehrer. Er verführt seine Schützlinge nicht nur zum Skilauf, wie man Babys schreien hört. Das ist kein Pauschallob, sondern eine Warnung für Anfänger *in jeder Beziehung*. Ratschlag: *Verhüten* Sie sich vor dem traditionellen Fünfuhrtee.

Der Diener

99 *Der Österreicher ist ein Diener. Er hat nie gelernt, Herr über sich selbst zu sein, eine gewisse Standfestigkeit in seinen Meinungen zu haben, zu wissen, was er will. Im Haltungsbereich vollführt er zu gerne einen vierfachen Salto mortale.* **66**

Werbemulti Hans Schmid

Der Beamte

Befreunden sollten Sie sich mit diesem nur, wenn Sie über sehr viel
Zeit verfügen. Ohne den Beamten brächen im Lande zwei Dinge aus:
Wirtschaftsaufschwung und Freudentränen unter der Bevölkerung.
Um diesen Notstand zu verhindern, werden Beamte *phlegmatisiert*.

Zeichnung: Dieter Zehentmayr

Der Bauer

Österreicher sind allesamt Bauern. Unterscheiden Sie jedoch zwischen
– *richtigen* Bauern und
– *wirklichen* Bauern.
Die *wirklichen* Bauern sind die richtigen Bauern, wogegen alle anderen die *wirklichen* Bauern sind.

Der Wiener Killer

Ex-ORF-Generalintendant Teddy Podgorski:

99 *Es ist kein Zufall, daß die Hamburger und die Frankfurter Unterwelt, und es gäbe sicher noch mehr, wenn die Sprachbarriere nicht wäre, von Wiener Gangstern beherrscht ist. Eben weil die einerseits sehr umgänglich sind und andererseits unglaublich konsequent. Der bringt seinen besten Freund mit den nettesten Worten, aber so konsequent um die Ecke.*
Die ärgste Brutalität ist ja die freundliche Brutalität, und diese freundliche Brutalität treffen Sie in Wien überall. Unglaublich freundliche Menschen, die an sich Killertypen sind. Der Wiener Killer wird sein Attentat sicher nicht mit einem grantigen Wort ankündigen. Es ist sogar der Umkehrschluß möglich: Solange ein Wiener grantig mit Ihnen ist, sind Sie nicht in Gefahr. Wenn er hingegen beginnt, herzlich und besonders umgänglich zu werden, dann ist Gefahr in Verzug. 66

Der Exekutor

Der kontaktfreudige Mann mit der Pistole im Halfter weiß, warum er diese trägt, muß er doch Tag für Tag arme Menschen besuchen, um diesen mit Nachdruck zu helfen, ihr letztes Hemd auszuziehen.
Damit ist der Exekutor eine Art *Helfer in der Not,* ein wirklich guter Freund, der Sie gerade in Situationen, in denen man bekanntlich gute Freunde braucht, nie im Stich läßt, immer und unaufgefordert zur Stelle ist. Fürsorglich versucht er dabei, Ihre Wertgegenstände vorsorglich sicherzustellen.

„Polizeipräsident Pilch" alias Kurt Weinzierl ermittelt den österreichischen Polizisten:

❞ *Irgendein Polizist hat mich einmal auf die Seite genommen und gesagt: ‚Ich muß Ihnen was sagen, der unsere ist ein noch viel größerer Trottel als Sie.'* ❝

Der praktische Arzt

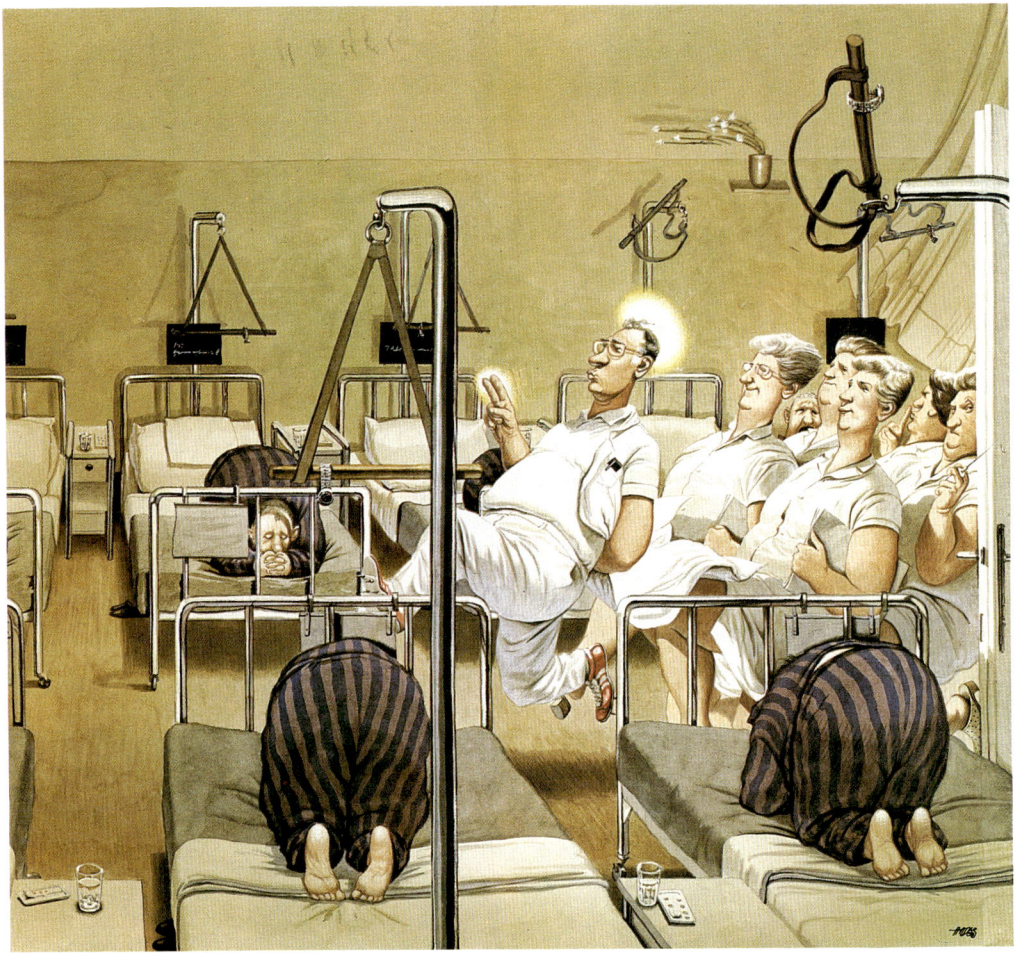

Cartoon: Gerhard Haderer

Der Arzt für all-gemeine Krankheiten ist deshalb so praktisch, weil er Sie in weniger als drei Minuten untersucht, Ihre Krankheit diagnostiziert, Medikamente verschreibt und Sie verabschiedet. Nach nur 180 Sekunden sind Sie wieder auf freiem Fuß (falls nicht amputiert).
Für *Time is money*-Menschen ist der österreichische Medizinmann eine Art Guru in Sachen effizienter Zeitplanung.

Der Skiliftbügelhalterimrichtigenmomentübergeber

Einer der längsten heimischen Berufe und besonders schwer zu erlernen. Bei der Abschlußprüfung scheitern die meisten Anwärter erst in der letzten Phase, beim Schreibversuch ihres Berufes. Diese wechseln dann in das kürzere *Lifting*-Gewerbe.

Zum Abschluß noch eine weise Bauernregel, einfach zum Nachdenken:

„WER NICHTS WIRD, WIRD NIE ETWAS!"

Ehe gut, alles gut?

Die österreichische Hochzeit

Ich gehe davon aus, daß Sie im Besitz all Ihrer geistigen Kräfte sind, unter keinem wie immer gearteten Zwang stehen und trotz allem unter allen Umständen mit einem ÖTYPUS eine ÖHÖ[1] eingehen wollen.

Ich gehe weiters davon aus, daß Sie Ihr Opfer schon kennen und dieses unabsichtlich oder irrtümlich bereits eingewilligt hat. Ich gehe nicht davon aus, daß Sie wissen, was Sie tun, aber ich verzeihe Ihnen.

Wichtig ist im nächsten Schritt, die Eltern des ÖTYPUS zu überzeugen, daß Sie der richtige Partner sind, und zwar nicht nur für die Hochzeitsnacht.

[1] altösterreichisch für Ehe

127

Otto von Habsburgs Tip für gehobene Ansprüche:

> ❝ *. . . das, was man vulgo das Volk nennt, mit dem ist sehr gut und angenehm auszukommen. Ganz anders ist das bei den gehobenen Schichten, da haben wir in Österreich zwei Dinge: zum einen einen unsagbaren Minderwertigkeitskomplex, und zum anderen einen durchaus starken Neidkomplex. Und jemand, der mit diesem gesellschaftlichen Milieu zu tun hat, sollte darauf achtgeben.* ❞

Die Bewerbung

Eltern hängen an alten Sitten und Bräuchen. Richten Sie deshalb eine schriftliche Bewerbung in der dritten Person an das selbsternannte Familienoberhaupt, den Vater. Fügen Sie einen handgeschriebenen Lebenslauf samt Zeugnissen, ein Paßfoto, eine Vermögensübersicht mit Gehaltsbestätigung oder einer Bilanz, ein Gesundheits- sowie ein polizeiliches Führungszeugnis bei. Ganz wichtig, zur Belegung Ihrer Reife und Erfahrung, ist eine Referenzliste mit alphabetischer Auflistung Ihrer vergangenen Partner.

Die Bewährungszeit

Nach Bekanntwerden Ihrer Identität beginnt Ihre Bewährungszeit, die erst am Altar endet. Die Eltern werden Erkundigungen über Sie einziehen. Ziehen Sie deswegen nicht gleich Ihren eventuellen Schwanz ein, vermeiden Sie es aber, während dieser Zeit, händchenhaltend mit Freunden des gleichen Geschlechtes gesehen zu werden. Der Verdacht auf Homosexualität läge förmlich unter der Hand.
Achten Sie weiterhin darauf, daß Ihnen Ihre Gewohnheiten nicht zum Verhängnis werden. An Samstagen bis 10 Uhr zu schlafen, könnte Faulheit vermuten lassen. Andererseits würde ein Zusammentreffen mit den Eltern in überarbeitetem schlechten Zustand auf Drogenabhängigkeit hinweisen. Suchen Sie einen gesunden Mittelweg zwischen Schlaf, Arbeit und Drogen.
Ähnlich verhält es sich mit Eß- und Trinkgewohnheiten. Verweigern Sie Alkohol und ungesunde Kost, gelten Sie als Spielverderber und Körndlfresser. Trinken Sie in ununterbrochener Reihenfolge zwei Bier, sind Sie der geborene Alkoholiker.

Streuen Sie bewußt Gerüchte, um den sowieso auftretenden Gerüchten über Sie zuvorzukommen. Beispiel: Sollten Sie bereits mehrmals schuldig geschieden sein, so loben Sie die Charakterschwäche Ihrer Expartner, ohne dabei zu vergessen, hinzuzufügen, daß es allesamt Ausländer waren. Das garantiert Ihnen einen *unbedingten* Freispruch.

Zur Hochzeit selbst

Ich gehe davon aus, daß Sie es irgendwie geschafft haben, bei Ihren Schwiegereltern in spe den Eindruck zu erwecken, daß Sie zwar nicht der ideale, aber zumindest der derzeit einzige Anwärter auf einen *Schwiegerposten* sind. Gratulation. Ihren Freunden und Bekannten bescheren Sie damit einen unvergeßlichen Abend.

Eine österreichische Hochzeit, zu der man unschuldigerweise eingeladen wird, ist nämlich immer wieder Grund, einen wunderschönen Tag weit, weit weg zu verbringen. Auch wenn sich dieser zu einem verregneten Badetag, einem Spielcasinobesuch mit erheblichen Verlusten oder zu einem Kneippabend mit anschließender Alkoholvergiftung entwickelt, hat man im Vergleich zum Angedrohten immer noch einen Glückstag erlebt. Denn eine *Hoch*-zeit ist, wie der Name andeutet, das Brautpaar ausgenommen, wohl die *höchste* erreichbare Zeit purer Langeweile, die ein lebendes Lebewesen im Leben erleben kann.

Wer schon das besondere Pech hatte, auf mehreren solcher Hochzeiten getanzt zu haben und nicht zu dem Typ Mensch gehört, der überall dort zu finden ist, wo es Essen und Trinken gratis gibt, weiß die oben angeführten Glückstage erst richtig zu schätzen.

Angefangen vom gemütlichen Treffen im elterlichen Haus, bei dem man der Braut zu sagen hat, wie verwunderlich hübsch sie wieder und vor allem heute ist, die eigene Kleidung mit der der anderen auf Angemessenheit überprüft und auch sonst nicht genau weiß, was man hier eigentlich tun soll, über die handvolle Kirche, des Pfarrers Moralpredigt und den schluchzenden Eltern sowie der aufgeschlossenen Uninteressiertheit der anderen unschuldigen Teilnehmer, das rührende „Ja" des *Brutpaares* bis hin zur Abendverunstaltung, die alles vorher Dagewesene in den Schatten stellt . . .

Allen Absagen auf Einladungen zu Hochzeiten, die ich unter Berufung auf meine Volljährigkeit und dadurch bedingte Entscheidungsfreiheit erteilte, folgte die prämienfreie Versicherung des Bräutigams, daß *diese seine* Hochzeit etwas ganz Besonderes sei und alles andere als langweilig werde. Nie wurde mir allerdings *versichert,* daß ich im umgekehrten Falle, im Schadensfalle, auch eine finanzielle Wiedergutmachung erhielte.

Zur Abendveranstaltung: Wenn Essen, wie man sagt, wirklich Kummer lindern kann, dann ist das Hochzeitsmahl die vielleicht wichtigste Mahlzeit im Leben des Eingeladenen. Stottrige Tischreden erzielen durch gute Erziehung in Kombination mit dem konstant ansteigenden Alkoholpegel stürmischen Applaus. Ich bin überzeugt, die Textzeile „Alkohol ist der Retter in der Not" fiel Herbert Grönemayer während einer Hochzeitsfeier ein.

Und dann die Glückwunschtelegramme. Herrliche Schüttelreime, die jeder Anwesende schon hundertmal gehört hat . . .

> „Jetzt ist es passiert,
> jetzt bist du kastriert,
> nichts geht mehr mit anderen Weibern,
> das läßt du jetzt gefällig bleibern,
> jetzt mußt auf alle Zeiten du verweilen
> und das Bett mit deiner neuen Alten teilen.
> Viele Kinder wünschen wir dir,
> eins, zwei, drei oder vier.
> Muxl, Juxl, Fix und Foxi!"

Nachdem sich sämtliche Teilnehmer leider nicht *totlachen* konnten, kommt es zu einem weiteren Höhepunkt des Abends, dem Tanz der Vampire, sprich des Brautpaares, der in blutsaugerischer Manier den Gästen das Letzte abverlangt. Alles starrt auf das tanzende Paar Menschen und rätselt, ob dieses falsch tanzt oder die Musik falsch spielt. Nach Mitternacht bietet sich Ihnen die erste reelle Chance zur Flucht, ob in den Westen oder in den Osten spielt dabei keine Rolle mehr. Die sichersten Fluchthelfer sind arme, kleine, allein zu Hause verlassene heulende Kinder sowie ansteckende Krankheiten. *Gesundheit!*

130

Das glimpfliche Ende einer ÖHÖ: nur ein Toter.* Cartoon: Gerhard Haderer

Künstliches Österreich

99 *Dieses Buch zu schreiben ist keine Kunst.*
Aber es zu lesen! 66

Bezahlte Anzeige des Vereins „ÖNORMALIS gegen den Autor"

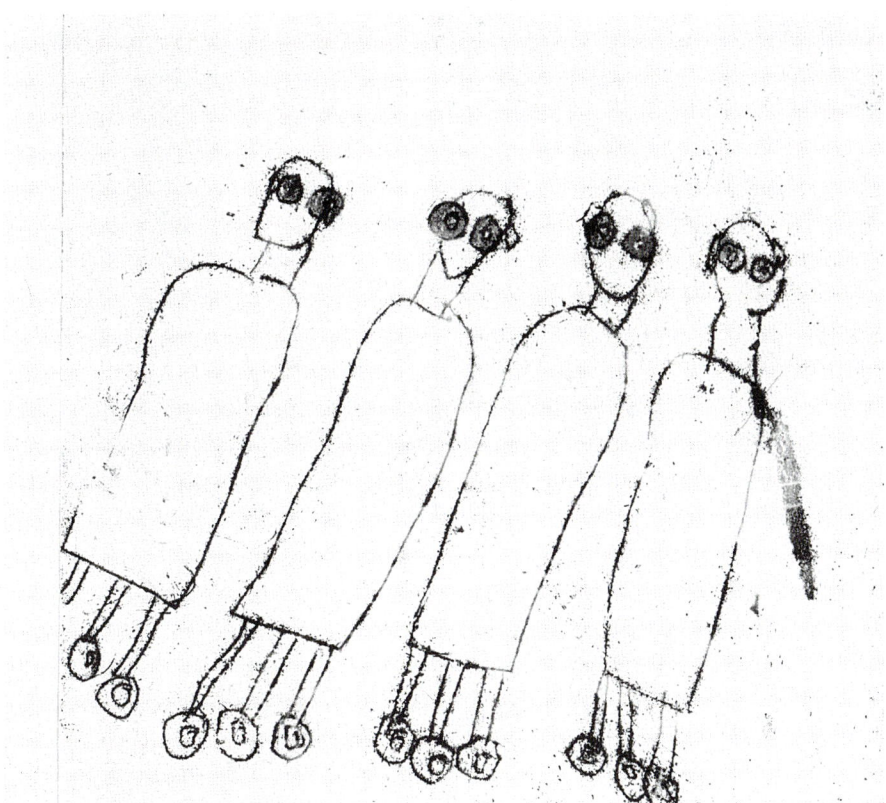

Edith Gmeiner: „Keiner wie der andere!"

> *Ich sehe mir oft das österreichische Fernsehen an, für mich ist es immer eine Demonstration, daß Österreich wirklich Kultur lebt. Und auch eine sehr starke Kultur in der Vergangenheit hat, das spürt man eigentlich durch und durch. Da ist ein sehr, sehr großer Unterschied zur Schweiz.* 66

Emil Steinberger, Kabarettist

Schwer genug und dadurch besonders wertvoll ist das Wissen um den richtigen Umgang mit Norm-Österreichern, den NORMALIS. Kaum realisierbar und demzufolge erst künstlerisch wertvoll ist das Wissen um den richtigen Umgang mit dem österreichischen Künstler, dem ÖKU.

Da dieses Buch den Anspruch auf Massenbefriedigung erhebt, was bedeutet, daß die Wißbegier eines jeden Lesers gestillt werden muß, widme ich diesen Abschnitt im besonderen den *künstlich* Interessierten.

Ich darf Sie der Ordnung halber bitten, mich im folgenden nicht wie bisher als Ihren *Leermeister,* sondern als Ihren Kunsterzieher anzusehen. Die diesbezügliche Kompetenz habe ich mir zum einen in meiner langjährigen Jugend bei Ferienjobs auf einer *Kunst-Eisbahn* als Kartenverkäufer erworben, andererseits durch meine nächtliche Schreibarbeit bei *Kunst-Licht.*

Betrachten Sie dieses Kapitel als eine Art *künstliches* Fernstudium, nach dessen erfolgreicher Beendigung Sie sich getrost als *diplamierter aka-damischer Künstler,* kurz Magister dam., betiteln dürfen. Sie werden gelernt haben, Kontakte mit ÖKUS zu knüpfen wie Perser ihre Teppiche, ohne daß Ihnen dabei essentielle Kunstfehler wie Laufmaschen unterlaufen.

Künstlererkennung

Der erste Schritt zum richtigen Umgang mit österreichischen Künstlern ist, österreichische Künstler als österreichische Künstler zu erkennen.

134

Zeichnung: Ironimus, 1957

Wer ist wann wieso Künstler, ist die Frage, die es wohl unmöglich zu beantworten gilt. Reicht allein die Behauptung eines Menschen, er sei Künstler, aus, um ihn als Künstler zu akzeptieren? Ist man Künstler ab dem Zeitpunkt der Selbsternennung oder erst durch die Anerkennung der Bevölkerung? Wenn letzteres, wieviel befürwortende *Bevölkerer* sind nötig, um den Künstlerstatus zu erlangen, einer, zehn, hundert oder gar eine absolute Mehrheit?

Wenn zehn anerkannte Kunstkritiker jemanden zum Künstler erklären, der klassisch weiße Bilder malt, hunderttausend NORMALIS hingegen behaupten, das ebenfalls zu können, wem ist rechtzugeben? Antwort: Keine Ahnung. Fragen Sie einen Kunstprofessor.

„Die weiße Wand", von Jonny Weißenstein

Identifikation

Auch wenn es als Klischee abgetan wird, es stimmt: ÖKUS zählen zum ärmsten Berufsstand der Republik. Als Geißel ihres unermüdlichen kreativen Schaffensdranges nur unter menschenrechtsverletzenden Qualen imstande, einem *ordentlichen* Beruf ordentlich nachzugehen, sind sie dazu verdammt, ausgerechnet von der Hand im Mund leben zu müssen, die sie zur Ausübung ihres Handwerkes so dringend benötigen würden, was zu gelegentlichen Verkrampfungen und in der Folge als Kettenreaktion zu *Krampf* führt. Auf diese Weise entstehen sogenannte *Kunstdrucke,* von Künstlern unter finanziellem Druck kreierte Werke.

136

Normale Verhaltensstörungen

Es gibt heute wohl keine Menschen mehr, die nicht auf irgendeine Art und Weise verhaltensgestört sind. Und das ist gut so. Zumindest im Umgang mit ÖKUS. Denn mit gutbürgerlichen, gesellschaftsfähigen Standardfloskeln langweilen Sie für gewöhnlich schon andere Mitmenschen mehr als erträglich. Besinnen und bedienen Sie sich Ihrer scheinbar größten Fehler. Sie werden erstaunt sein, auf welches Interesse Sie stoßen.

Erzählen Sie von Ihren kühnsten Perversionen, der Verführung eines Schweinshaxens etwa oder einem nächtlichen wüsten Ritt auf einem einbusigen Dromedar. Solche Geschichten wecken wahre multiorgasmische Inspirationen beim ÖKU. Lassen Sie Ihrer Phantasie, gleich Ihrem Hund, freien Lauf.

Merke:

„VERHALTE DICH IM UMGANG MIT ÖKUS FÜR GEWÖHNLICH UNGEWÖHNLICH!"

Künstlersprache, *verbalus klaxus*

Nicht alle Künstler, wie erwähnter Weißmaler Weißenstein, sprechen eine so farblos klare Sprache. Schrieb Kollege Goethe beispielsweise vom Knaben, der ein Röslein auf der Heide stehen sah und es dann gegen dessen Willen brach, diente diese Art der Beschreibung lediglich dem Zweck der Umgehung des Jugendschutzgesetzes. Denn das Röslein war zwar schön, aber minderjährig.

Man benötigt nicht viel Phantasie, um zu erahnen, was uns Goethe zwischen den Zeilen mitteilen wollte. Die leiseste Abwandlung von Buchstaben ruft eine dramatische Sinneswandlung hervor.

1. Abwandlung durch Hinzufügung von einem „s" und einem „i":

„Sah ein Knab **s**ein Röslein stehn, Röslein auf der Heid**i** . . ."

2. Abwandlung des Rösleins:

„Sah ein Knab sein **H**öslein stehn, **H**öslein auf der Heidi . . ."

Sie müssen unter allen Umständen versuchen, hinter den Kulissen der Künstlerworte zu forschen. Beleuchten Sie deren Aussagen aus verschiedenen Perspektiven, und sie erscheinen Ihnen in einem völlig neuen Licht. Geht Ihnen, ohne einen zweckdienlichen Schalter zu betätigen, ein Licht auf? Verstehen Sie nun auch, was Schiller wohl unter seiner „Glocke" verstand?

Richtiges Verhalten bei Vernissagen

Bleiben wir Ihnen zu Liebe der Einfachheit halber wieder beim Beispiel des Malers Jonny Weißenstein. Sie stehen bei seiner Vernissage vor einem seiner klassisch weißen Gemälde. Weißenstein tritt an Ihre Seite und bittet Sie um Ihre künstliche Meinung. Quasseln Sie jetzt bitte nicht, nur um irgend etwas zu sagen, von *strahlend weiß, weißer geht's nicht* und ähnlichem.

Sprechen Sie davon, wie wichtig es ist, daß ein Künstler solch tabuisierte Themen aufgreift, so unverblümt offen darstellt, mit dem enorm mutigen, allessagenden, reinigenden Weiß die im dunklen Schwarz tappende Bevölkerung aufschreckt und zum, wie man doch immer wieder erkennen kann, wichtigen Denken anregt. „Ihr Weiß deprimiert mich zeitweilig so delikat stark, daß ich alles intensiv schwarz sehe!" Das sind Sätze, die Aufsehen erregen.

Die höchste Erregungsstufe unter Kunstexperten erreichen Sie allerdings immer noch mit dem *Mordssatz,* auch *Künstlertod* genannt, „Was der kann, kann ich auch!" Und dann setzen Sie sich zu Hause mal an ein gestaffeltes Ei, alias Staffelei, bereiten zwei Dutzend schöner Ölfarben vor, nehmen Ihren Pinsel in die Hand, malen keinen einzigen Strich und trauen sich dann mit diesen Werken auch noch eine große Ausstellung zu veranstalten. – Sehen Sie, schon das unterscheidet Sie von einem *Kühnstler.*

Wolfgang Ambros bewundert neue, kreative Kunstart:

> *Die Hinterfotzigkeit in Wien ist teilweise von einer Kreativität, die atemberaubend ist, das ist richtig zu bewundern. In den sogenannten höheren Kreisen wird sie geradezu kunstvoll verfeinert. Der Tiroler ist vergleichsweise völlig unfähig, in derart kuriosen Windungen zu denken wie der Wiener.*

Lebende Beweise Österreichs bildender Kunst

Der populärste lebende Maler des Landes ist zweifellos der *Zwiebelkünstler* Friedensreich Hundertwasser, der derzeit bedeutendste, *Übermaler* Arnulf Rainer.

Deren noch nicht entstandene und damit völlig unbekannte Werke, nämlich die *Hundertwässrige* Umgestaltung des Stephansdoms sowie die *Rainersche* Übermalung eines Wiener Schnitzels vom Kalb, sind in diesem Buch erstmals in der Geschichte der *traumatischen Malerei* nachfolgend zu besehen[1].

---

[1] Imitationen von Imitationen. Nach bestem Wissen und Gewissen ausgeführt von einer Imitatorin und ehemaligen Kunststudentin.

140

Land der Titel, einflußreich!

> *Der Österreicher ist etwas kindisch, es imponieren ihm zum Beispiel Titel und solche Dinge . . . das ist sehr erstaunlich. Gleichzeitig rufen die Österreicher aber pausenlos nach der Abschaffung von Privilegien, aber eigentlich will der Österreicher a priori ein Privilegierter sein.*

Lotte von Tobisch, First Lady des Opernballs

Nirgendwo in der Welt sind Titel bedeutsamer als in der Titelrepublik Österreich. Ob Sie Meier oder Müller heißen, so Sie eine Krawatte tragen und nicht aussehen wie Robinson Crusoe nach der Strandung, werden Sie schlicht und einfach mit Herr Professor angesprochen, Herr Doktor. Auch wenn Sie gar kein Onkel Doktor sind, sondern nur Ihr Onkel Doktor ist, grüßt man Sie mit Herr Doktor. Selbst des Doktors Ehefrau wird, ob diese nun die Volkshochschule oder nur die Volkshilfsschule absolviert hat, mit Frau Doktor angesprochen.

Titelhelden und Prominente werden in Österreich bevorzugt behandelt. Ganz nach dem Motto: *Alle ÖSELS sind gleich, aber Betitelte sind gleicher.* Meine Empfehlung: Titulieren Sie sich.

> *Der Österreicher verhält sich gegenüber Prominenten sehr kameradschaftlich, das gilt vor allem für die Fernsehprominenz. Es entsteht so ein Nahverhältnis, wahrscheinlich weil sich der Schauspieler, Moderator etc. über das Fernsehgerät immer in den eigenen vier Wänden*

des Zuschauers befindet. Es gibt dann viele, die einen als halben Bekannten bis Verwandten behandeln. Manche verkennen da die Distanz. 66

Peter Rapp, Fernsehmoderator

Wie wird man nun vom nichtssagenden Titellosen zum prominenten Titelträger? Ganz einfach: Prüfen Sie Ihren Namen, Ihren Wohnort und Ihren Beruf nach besonderen Merkmalen.

Beispiel:

Vorher	**Nachher**
Herbert Müller, Fotograf	= Graf Müller
Hermine Vontain, Ruderin	= Rudi von Tain
Paul Oberhuber, Kellner	= Oberst Huber
Michael Ehrlich, Würzburg	= Ehrwürden Michael
Franz Josef Kaiser	= Kaiser Franz Josef
Hager Volk, Wirt	= Diplomvolkswirt Hager

Übung: Bilden Sie aus Ihrem Namen, Beruf und Wohnort einen passenden Titel und bilden Sie sich etwas darauf ein.

Der schnellste Weg zum Professor, skizziert von Ephraim Kishon

66 *Im Prinzip sind die Österreicher wie alle Menschen. – Es gibt da nur ein paar Eigenheiten, zum Beispiel die, daß jeder, der nach Österreich kommt, sofort zum Doktor oder Professor wird. Ich erinnere mich, als ich das erste Mal nach Österreich gekommen bin, hieß es prompt: ‚Professor Kishon, Telefon bitte schön.'*
Irgendwie sind die Österreicher immer noch bei Kaiser Franz Josef, aber das ist das, was sie für mich so liebenswürdig macht. 66

144

Titel, Thesen, Temperamente

Nachdem es in Österreich mehr Titel als ÖSELS gibt, hier ein kurzer
Überblick der wichtigsten und deren Bedeutung:

Doktor h. c.

Doktor haltus clappus. Sich ausschweigender Doktor.

Parteisekretär

Ergreift für Sie Partei, wenn Sie seiner Partei angehören.

Kommerzialrat

Kommerziell orientierter Rat. Noch teurer als guter Rat.

Hofrat

Entsorgt den Unrat im Hof.

Honorarkonsul

Konsultation nur gegen Honorar.

Amtsrat

Rät Ihnen ein Amt nach dem anderen.

Kommandant

Setzt in Österreich die Kommas.

146

Patentanwalt

Patenter Bursche, patentes Mäderl.

Exzellenz

Exzellenter Mensch. Besonders im Lenz.

Professor

Ein Profi in seinem Ressor.

Geheimrat

Niemand kennt ihn. Hoher Finderlohn.

Magister

Kurz *mag.ist.er.* Magerer Doktor.

Präfekt

Prähistorisch gesehen *pärfekter* Mensch.

Hochwürden

Aufnahmesperre bis 2,10 Meter. Unter 2,10 Meter: Ehrwürden.

Euer Ehren

Richter. Besonders strenger: Scharfrichter.

Primar

Prima Mensch. Siehe Autoren.

Land der Hämmer, zukunftsreich

Zeichnung: Ironimus, 1957

Es ist anzunehmen, daß viele Geschäftsleute mit beruflichen Kontakten zu österreichischen Unternehmen dieses Buch mit besonderer Aufmerksamkeit studieren, um Geschäftsverbindungen durch richtigen Umgang in hohem Ausmaß zu vertiefen. Dieses konstruktive Verhalten ist durchwegs als *ö-konomisch* zu beurteilen und kann unter *anderen Umständen* zu einer positiven Entwicklung zahlreicher Unternehmen sowie zu lukrativen *Tschoint-Wentschers"*[1] *führen.*

> *Der Österreicher gehört sicher zu denen, die ausgabe- und konsumfreudiger sind als ihre nördlichen Nachbarn, aber nicht so sehr wie die Italiener.*

Casino-Austria-Generaldirektor Leo Wallner

Es wäre mir eine besondere Genugtuung, würde dieses Buch zu einem weiteren Anhalten des wirtschaftlichen Aufwärtstrends in diversen Branchen, wie beispielsweise der Schriftstellerei, beitragen. Gerne komme ich deshalb dem an mich von unbekannter Seite herangetragenen Wunsch nach, Ihnen in kurzen *letzten Zügen,* einige unverzichtbare Detailinformationen und Tips zur effizienteren Umsetzung *ö-konomischer* Pläne für Ihren weiteren, hoffentlich noch langen, erfolgreichen Lebensweg mitzugeben. Denken Sie beim Studieren, so sehr ich das an Ihnen schätze, nicht an mich, denn: Sie lernen für sich selbst!

Die Währung

„Wer den Groschen nicht ehrt, ist den Schilling nicht wert." Ein zwar alter, inflationärer, aber nach wie vor weiser Spruch, weist er doch gezielt auf die österreichische Währung, die *ÖWÄH,* hin.
Der Schilling also ist es, das pauschale Lebensziel der Österreicher. Ganz im Gegensatz zum „falschen Schilling". Dieser ist keine *blütende* Fälschung, sondern eine falsche Blüte, sprich ein unehrlicher ÖSEL.

---

[1] Deren wirtschaftlicher Konsum ist in Österreich straffrei

150

Die ÖWÄH wird an den internationalen Börsen mit wenig Fairneß gehandelt, stehen einem Österreicher doch gleich sieben Deutsche, acht Schweizer und rund 23 Pfund Engländer gegenüber. Wir Österreicher rächen uns deshalb an den *Lire*.

Im Parlament wird nicht zuletzt deshalb, aber deshalb zuletzt, diskutiert, ob der Schilling nicht um das zwei- bis dreifache aufgewertet werden sollte. Diese Aufwertung, so die Spitzen-Politiker, könnte dem einfachen Volk, dem *PÖbel,* durch eine neue Namensgebung der Währung völlig unproblematisch eingehämmert werden.

So ist vorgesehen, den Schilling bei einer Verdoppelung banal „Zwilling", bei einer Verdreifachung gar „Drilling" zu nennen. Eine Grundnahrungseinheit, eine Semmel, würde demnach nicht mehr drei Schilling, sondern einen „Drilling" kosten. Der Groschen wäre dann − so die Politiker − selbst bei den letzten Landsleuten endgültig gefallen.

Vorschlag für den *„Fünfhundert-Drilling-Schein"*:

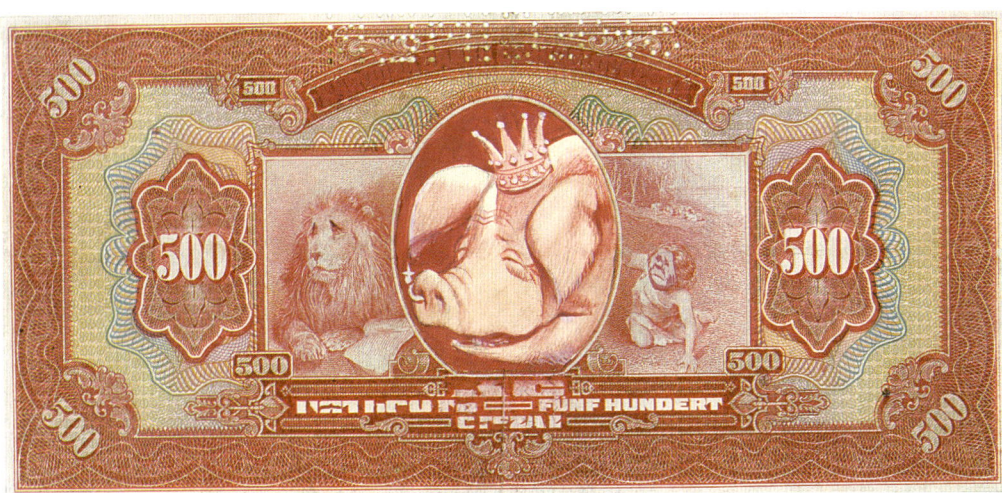

Illustration: Sokol

Arbeitsreiche Arbeitswoche in Österreich

Mond-Tag:	Ebbe für Geschäftsabschlüsse
Dienst-Tag:	Beamten-Arbeitstag (Tag der Arbeit)
Mittag:	Mahlzeittag, alle beim Essen
Donner-stag:	Bei grauem Himmel wird blau gemacht
Frei-Tag:	Tag der Freiheit, niemand zu erreichen
Samstag:	Niemand zu erreichen
Sonn-Tag:	Ozontag, früher „Tag der Autowäsche"

Sollten Sie trotz allem unter der Woche versuchen, einen *Arbeitsösel* telefonisch zu erreichen, merken Sie: *Werktage* sind „Wegtage". Details im folgenden Abschnitt, aufgezeichnet von einem Starkolumnisten.

Anmerkungen zum Weg
von Herbert Hufnagl

An jedem Werktag verschwinden Tausende Österreicher von ihren Arbeitsplätzen, wobei niemand genau weiß (oft nicht einmal die Betroffenen selbst), wann sie wiederkehren. Sie verlassen uns und sagen einfach: „Ich habe einen Weg."

Der „Weg" hat, ganz im Unterschied zum Termin, mehr persönlichen Charakter, weswegen es logischerweise Termin-, aber keine Wegekalender gibt. Wegekalender wären der Untergang des „Weges", denn der „Weg" erfolgt ja spontan, soferne es sich nicht um den beliebten, bekanntlich meist von langer Hand geplanten „Amtsweg" handelt.

Der „Weg" hat aber auch etwas Geheimnisvolles, ja oft sogar Mysteriöses. Ihn umgibt die Aura der Intimität, und kein echter Österreicher würde auf die Idee kommen, jemanden, der einen „Weg" ankündigt, zu fragen, wohin ihn dieser führt. Wer nämlich zum Zahnarzt, auf die Bank oder auf die Post muß, erzählt dies ohnehin ungeniert. Wer aber einen Weg hat, der weiß, warum er nicht mehr als „Weg" sagt. Wegefreunde und -experten erzählen übrigens, daß z.B. auf dem eleganten Wiener Graben der Anteil der sich wegemäßig bewegenden Bevölkerung schon lange die 50-Prozent-Marke überschritten hat. Wegegegner (sie lassen überhaupt nur gelten, daß jemand seinen „Weg" macht), behaupten hingegen, der „Weg" sei lediglich eine Ausrede für arbeitsunlustige Zeitgenossen.

Das ist natürlich Unsinn, denn niemals ist der „Weg" bloß Vorwand. Wenn zum Beispiel im Wiener Innenstadtbeisl „Gutruf", wo rund um die Uhr zu den letzten Wahrheiten der Medienwelt vorgedrungen wird, am hellichten Tag sieben Journalisten zusammensitzen, haben garantiert alle nur einen Sprung hereingeschaut, weil sie ein „Weg" zufällig vorbeigeführt hat.

Die Behauser der UNO-City, deren Tätigkeit für die Rest-Österreicher eines der großen Rätsel des Weltenkreises ist, sind statistisch gesehen von der allergrößten Wegefreudigkeit. In den Gängen der weitläufigen Gebäude wimmelt es derartig von Menschen, die einen oder mehrere „Wege" haben, daß die Forderung nach doppelt besetzten Büros aus Gründen einer ökonomischen Platzausübung im Raume schwebt. Es soll auch schon vorgekommen sein, daß im Zuge des Wegekreuzungsphänomens einzelne Mitarbeiter tagelang bei ihren „Wegen" ungesehen aneinander vorbeizumaschieren glaubten, bis sich herausstellte: Der jeweils andere war gar nicht zur Arbeit erschienen. Im übrigen war es kein Zufall, daß die SPÖ seinerzeit mit dem Slogan „Der österreichische Weg" den Höhepunkt ihrer Erfolge erreichte. Viele Wähler bröckelten allerdings wieder ab, als sie merkten, daß dieser Weg nicht ihr „Weg" war. Und so kam es zur großen Koalition.

Der wirtschaftliche Viertel-Anschluß

Europäisierung bedeutet, Anschluß an Europa zu suchen, natürlich auch in Sachen Kommunikation. Nachdem das Wort „Anschluß" hierzulande seit geraumer Zeit einen bitteren Beigeschmack aufweist, bietet die österreichische Bundespost unter dem Kennwort „Eur-Opa" einen Anschluß-Service ganz besonderer Art an.

Unzähligen Ansuchern eines Telefonanschlusses wird, mit Vorliebe in Wien, lediglich ein *Viertelanschluß* zugeteilt. Darunter versteht man, dies zur Erläuterung für technisch Veraltete, eine moderne High-Tech-Postleitung, die sich der vom Ansucher zum Teilnehmer aufgestiegene ÖSEL mit drei weiteren ÖSELS teilen muß.

Der angeschlossene Viertelösel ist mit dieser Vierteilung nur dann in der Lage zu telefonieren, wenn keiner der drei anderen telekommuniziert. Also Anschluß „jein": zum Sterben des Kommunikationstodes zu viel, zu wenig, um im Leben zu *faxen*. Dieses Anschlußdrama der

Bundespost in vier Akten, ein typisch österreichisches Problem übrigens, nennt der Volksmund „die Postmoderne".

Postmoderner Telefonbau durch moderne Postbeamte. Hier: Die Suche nach einem Anmeldeformular.* Karikatur: Dieter Zehentmayr

Das österreichische Bankgeheimnis

Banken berechnen bekannterweise gerne Buchungsgebühren, Säumniszuschläge und mit Vorliebe Sollzinsen. Die Art dieser Berechnung ist das „Bankgeheimnis".

154

Zukunftsmarkt Österreich

In der *postmodernen Altenrepublik* stellt sich sowohl für ÖSELS, wie auch für ausländische Unternehmer, die Frage nach Marktlücken.

Marktlücke „Rutschtreppe" statt Rolltreppe, kein Stromverbrauch. Abwärts hilft die Schwerkraft, aufwärts nicht.

Die Vereinigung „Kreative Österreicher" beschäftigt sich seit geraumer Zeit mit dem Thema Zukunftsbranchen. Ihrer Meinung nach liegt das weitaus größte Potential in Betrieben, die sich mit der Umweltproblematik beschäftigen. Als Versuchsobjekte laufen derzeit folgende Projektunternehmungen:

1. Gummiwald-Aufforstungsbetrieb „Grünsiegel"
2. „Union Ozon", Ozondachdeckerbetriebe
3. Privatmedienverbund für mehr private „Radio-Aktivität"
4. Gärtnervereinigung „Pro Treibhaus"
5. „Müller gegen Müller", Vollwert statt Ehescheidungs GesmbH.
6. „Trinkwasser Bier", Alternativbrauerei-Gesellschaft gegen Wasserknappheit.

Vertragsabschlüsse mit Österreichern

Zum Ende dieses Kapitels noch ein recht(lich) hilfreicher Hinweis bei Vertragsabschlüssen, der, wie sich in der Praxis gezeigt hat, Unstimmigkeiten und daraus resultierende Rechtsstreite von vornherein zu verhindern vermag.

99 *In Österreich ist sehr stark zu beobachten, daß man Dinge, die sachlich behandelt werden könnten, sofort persönlich nimmt. Wie eine Diva, die sich selber zu wichtig nimmt, sofort pikiert ist und immer im Mittelpunkt stehen will.* 66

Michael von der Osten-Sacken, deutscher Managementberater

Folgender Vertragszusatz hat sich bei Abschlüssen mit Österreichern als vorbeugend erwiesen:

„Ich, ÖSEL namens XY (geborene YZ), erkläre hiermit, diese Vereinbarung bei mir höchst möglicher Zurechnungsfähigkeit geschlossen zu haben. Von einem gegen mich laufenden oder bereits abgeschlossenen Entmündigungsverfahren ist – beziehungsweise wäre – mir nichts bekannt. Weiters nehme ich an, bei Unterfertigung unter keinem wie immer ausgearteten Zwang, auch nicht seitens meiner Schwiegermutter, gestanden zu haben. Ich erkläre, diesen Vertrag nicht anzufechten, weder mit dem Degen noch mit Avokados[2]. Ich erkläre statt eines Eides, mich auf Dauer der Vertragslaufzeit auch an diesen Vertrag erinnern zu können."

Letzte Warnung: Vergewissern Sie sich, daß der ÖSEL auf Grund dieses Beispiels nicht mit „XY", geborene „YZ" unterschreibt.

[2] Österreichische Titulierung von Rechtsanwälten

Prost Mahlzeit

„Mutterfraß." Zeichnung: Tone Fink

Wenn Sie bisher den *ÖSEL* noch nicht schmecken konnten, wird er Ihnen nach diesem Kapitel schwer im Magen liegen. Die österreichische Küche zählt nicht zu den leichtesten, wie uns vor allem die Wiener großzügig am eigenen Leib darzustellen vermögen.

Einerseits liegt das daran, daß der ausgekochte Österreicher, der *KÖCH,* zu gerne die fette Sau 'raus läßt, andererseits, daß viele köstliche Süßspeisen die Landesherzen schwerer schlagen lassen. *Ein ziemlicher Topfen,* werden Ernährungsbewußte unaufgefordert denken, unwissend, damit die Kalorien auf den Kopf getroffen zu haben. Denn die süße Küche wartet unter anderem mit herrlich leichten *Topfengerichten[1]* auf.

Dickwerden ist nicht ausschließlich eine *kalorierte* Speisenangelegenheit. Viele ÖSELS beurteilen Qualität ganz nach dem Motto „Je größer, desto besser". Berüchtigt sind Gasthäuser, in denen der Schnitzeldurchmesser den des Tellers bei weitem übertrifft. In Kombination mit dem *Heißhunger,* also dem so hastigen Essen, daß auch der letzte Bissen noch heiß ist, gerät der ÖSEL zum übergewichtigen *Dickmann,* zum *korpus dedickti,* wie es die Lateiner nennen.

Angestiftet durch „Man ißt, was auf den Tisch kommt", ist Aufessen oberstes Gebot von Kindheit an. Das ÖKI (Ö-Kind) entwickelt sich also bereits vorpubertär zu einem Müllschlucker, bei dem im Laufe der Jahre die Müllverbrennungsanlage spürbare Schäden erleidet. Diese Schäden schlagen sich in erhöhtem Lagerbedarf im Bauchraum nieder und führen über schadenfrohe „fette Sau"-Verspottungen zu psychischen Schadensfällen, die versicherungstechnisch nicht gedeckt sind, da es sich um eine *Elterliche Haftpflicht* handelt.

Österreichs Paradekoch Reinhard Gerer zu den ÖSELSCHEN Eßgewohnheiten:

🙶 *Der Österreicher ist in erster Linie heikel und verwöhnt. Gewöhnlich ist er von sich und seinem Geschmack irrsinnig überzeugt. Und es braucht eine gewisse Zeit, bis man ihm beweist, daß es auch besser geht oder es etwas anderes gibt als das, was er bis dato gesehen hat, das heißt, das, was ihm bis dahin die liebe Mama oder die liebe Gattin vorgesetzt hat.* 🙶

---

[1] Für Bundesdeutsche: Topfen = Quark, nur zweideutiger

Bevor ich Ihnen einige typisch österreichische *Öma-Rezepte* ohne Gewähr zur gefälligen Verwertung serviere, hier noch unumgängliches Basiswissen der landesüblichen Kochsprache *„verbum fressum"*.

Abschrecken: Wenn Sie einen ÖSELSBRATEN mit kaltem Wasser übergießen.

Abtreiben: Erst nachdem das Fett schaumig gerührt ist, werden die Beigaben dazugegeben. Kirchlich genehmigt.

Aufschlagen: Das *First Service* für Cremes und Saucen, die unter dem Schlagen erhitzt werden.

Busserl: Zu heftiges Busserln führt zum Plätzchen. Und das ist wiederum ein Busserl. Also ein Plätzchen.

Erdäpfel: Nicht mit Roßäpfel zu verwechselnde Kartoffeln.

Fledermaus: Ein Stück Fleisch vom Kreuzbein, das man am besten verkehrt herum hängend aufbewahrt. Auch *Schalblattel,* kurz *CD* genannt.

Gelbe Rübe: Kein Chinese, sondern eine Möhre. Oder ein ÖSELSKOPF mit Gelbsucht.

Kaiserteil: Sie verspeisen nicht unseren Ex-Monarchen, sondern ein Innenstück des Kalbschlegels.

Köcher: Männlicher Koch, auch *Macho* genannt.

Paradeiser: Nach was griff Eva im Paradies? Nach der Tomate!

Receycling: Wiederverwertung von Speiseresten, z. B. als Reisfleisch.

Schinken: Vom dicken Schwein, aber auch: dickes Buch.

Schmarren: Von Kaiser Franz Josef nach einem verlorenen Kriegsspiel ins Leben gerufene zweideutige Süßspeise. Am bekanntesten als Kaiserschmarren, aber auch als doppelter Schmarren, als Topfen-*Schmarren* etc. zu verspeisen.

Schneeballen: Kalt geworfene, aber heiß servierte, goldbraun gebackene Kugeln.

Teebutter: Bitte nicht in den Tee geben, sondern als hundsgewöhnliche Butter betrachten.

Schlußbraten: Einmal muß Schluß sein. Fragen Sie einen KÖCH.

Kommen wir nun zu Detailzubereitungen von traditionellen österreichischen *Gerüchten*.

Armer Eintropf

Wer sein eigenes Süppchen kochen will, der nehme ein Ei, Salz und soviel Mehl, daß ein zähflüssiger Teig entsteht. Diesen dann direkt in die Suppe tropfen lassen. Wem das zu lange dauert, der schmeißt gleich den ganzen Teig auf einmal 'rein.

Strapaziknödel

Besonders geeignet für streßgeplagte Menschen, die den Strapazen des Alltags ein Schnippchen schlagen wollen. Nehmen Sie ein rundes, halbes Kilogramm Erdäpfel (wenn Sie Deutscher sind, dann tun es Kartoffeln auch), kochen, schälen und quälen Sie diese durch die Presse. Das zweite runde, halbe Kilogramm Erdäpfel nun enthäuten, abreiben, erpressen und dazumixen. Mit einem doofen Ei, 125 g Topfen, Salz und 5 EL Grieß vermischen.
Töpfern Sie nun kleine Knödelchen und vergessen Sie während einer Viertelstunde des Kochens in gesalzenem Wasser Ihre Strapazen.

Gebackener Kalbskopf

Waschen Sie Ihren Kalbskopf, vierteilen Sie ihn und erlegen Sie diesen in kochendes Salzwasser (kein Meerwasser verwenden). Geben Sie Ihre Zwiebel (1 Stk.), Suppengrün und Gewürze (Pfeffer, Knoblauch, Zitrone, Essig) hinzu und kochen Sie ihn aus, bis das Fleisch zart zu Ihnen ist.
Lösen Sie das Fleisch ohne Lösegeld aus, befördern Sie es in eine recht eckige Form, machen Sie ihm so lange Druck, bis es kalt ist. Schneiden Sie nun Ihren kühlen Kopf in Scheiben und wenden Sie ihn, so Sie noch können, nach und nach in Mehl, mit zwei Eßlöffeln

Die Auster, Perle der austrianischen Küche.*

Wasser, einem erschlagenen Ei und in Semmelbröseln. Braten Sie ihn anschließend, in heißem Fett schwimmend, eines über (sprich bakken). Sollten Sie das überlebt haben, verfügen Sie über einen gebackenen Kalbskopf.

Scheiterhaufen

Vier alte Semmeln in Blätter schneiden, 1/4 l Milch, drei Eier und 30 g Zucker verquirlen, die Semmelchen überschütten und 30 Minuten in einer Urne ziehen lassen. Vier Äpfel schälen, in Plättchen schneiden und mit Zimt, 30 g Zucker und Rosinen vermischen. Die zwei Halbfertigprodukte nun abwechselnd in eine fette Auflaufform geben, ein paar Butterflocken darauf zerstreuen und bei 180 Grad knapp eine Stunde darauf warten, daß die Auflaufform zur Höchstform aufläuft. Serviergag: Legen Sie sich beim Servieren auf den *Haufen,* dann kann nichts mehr *scheitern.*

Besoffene Kapuziner

Vier Eidotter mit 50 g Zucker wie aufgeriebene Schokolade so lange rühren, bis alles dick ist und sich nichts mehr rührt. 50 g bröselige Semmel und 50 g hohle Nüsse dazumischen und so lange auf das klare Ei (Eiklar) mit 50 g Zucker einschlagen, bis es schön steif ist. Bevor Sie Ihren Hunger mit den Kapuzinern befriedigen können, *buttern* Sie die gesamte Masse in eine mit Bröseln bestreute Auflaufform. Nach knapp dreißig Minuten bei 180 Grad gebacken, beschneiden Sie die Kapuziner und *ergießen* diese zum Höhepunkt mit gewürztem, aufgekochtem Glühwein.

Musik im Blut

> *Ich glaube, nein, ich bin mir sicher, daß der Österreicher ein sehr musischer Mensch ist, und die musikalische Palette reicht von Mozart über Dixieland, Glenn Miller und Operetten bis zur Volksmusik.*

Karl Moik, volkstümlicher Starmoderator

Wer kennt sie nicht, die großen, österreichischen Musiker: *Wolfgang Amadeus der Zarte, Joseph der Hayde, Franz der Haarige, Arnold der Schöne vom Berg, Gustav der Mahler, Johann der Strauß, Franz von der Schubhaft oder Anton, der Brückenbauer.*
Wir Österreicher haben die Musik im Blut wie Amerikaner das Ketchup. Kaum geboren, wo herkömmliche Babys erst krächzen, singen wir uns mit höchsten Tönen in die Herzen unserer Gebärmütter. Wo gewöhnliche Menschenkinder noch mit Murmeln spielen, spielen wir längst die erste Geige. Wo andere noch pubertieren, beginnen wir zu komponieren. Wo Studenten noch studieren, sind wir bereits am dirigieren. Wobei sich viele infizieren, lassen wir uns inspirieren. Wo andere nur runterrodeln, sind wir bereits am munterjodeln. Wo Senioren schon begraben, sind wir noch bei den Sängerknaben.

„Musikalischer Erziehungs-Tip" von Bestsellerautor Hans Pretterebner („Der Fall Lucona")

> *Man muß dem Österreicherlein schon als Kind das Rückgrat brechen, ihn dann andauernd mit Sachertorte und Mozartkugeln füttern, und jede Woche mindestens einmal mit dem Sprößling in die Spanische Reitschule gehen und schauen, daß ein Sängerknabe daraus wird.*

Musik liegt in der Luft, in diesem Land. Sie schwelgt in uns, um uns und um uns herum. Auch über meiner begnadeten Autorenwohnung haust ein begabter Jungpianist, der in Ausübung seiner täglichen Berufung die Tonleiter ununterbrochen rauf und runter spielt und mich mit seinen *eindeutigen* Fingerübungen unwissentlich zu gelegentlichem Wort-Gleichklang verlockt, sprich: zu so mancher Wiederholung inspiriert hat.

166

Hausmusik wird in unseren Familien großgeschrieben, zumindest rechtschreibtechnisch gesehen. Wenn die Mama von der Arbeit kommt und der Papa ihr die Pantoffeln übergezogen, wenn der Sohn in der Volksschule das Handtuch geworfen und die Tochter brav die Pille verschluckt hat, ja dann wird abends zu Hause im Quartett musiziert. Hat die Tochter die Pille vergessen, im Quintett.

Vergessen sind die Freuden um die Großen und die Leiden um die *Minisänger wie* Thomas Forstner, Bilgeri, Fendrich, Ambros & Co. Was die Österreicher bewegt, ist ihre Volksmusik. Bei „Es jodelt in der Lederhose" gerät, jedenfalls *organisch-männlich* betrachtet, erst wirklich etwas in Bewegung in den Hosen der Österreicher. Da fiedelt der Papa auf der Geigi, der Bub zieht an den Haaren der Monika, und die Mama zupft am Papi, bis er jodelt. Hausmusik ist was sehr Schönes. Was Natürlich-Familiäres.

Mich persönlich, als *Bewunderer* dieser scheinbar lustigen Volksmusikanten, erstaunt, wie diesen immer wieder so heimatverbundene, aus dem Leben gegriffene Textzeilen einfallen.

> „Auf der Alm, trara,
> do treibt's die Barbara,
> statt mit an Mann, trara,
> mit anar Mundharmonika.
>
> Und der Sepp, trara,
> der schaut net zu,
> der olde Depp, trara,
> beglückt sei Kuh."
>
> Chor: „Muh, muh, muh . . ."

Klingt das nicht schön? Wer würde da nicht auch gerne Barbara oder Sepp heißen? Ein weiterer Vorteil der Volksmusik ist die pädagogisch wertvolle Wirkung auf Teenager[1]. Während dem Gesang erfolgt eine schonende, rein platonisch-textliche Aufklärung. „Zipfl eine, Zipfl ausse, und wenn's schön zischt, ist au scho aus . . ." Sie verstehen den pädagogischen Wert dieses Liedes?

---

[1] Für Fußballer: Bei Teenagern handelt es sich nicht um eine Nagetierart, die Tee nagt.

Auch für Sie, als ein im richtigen Umgang mit dem Österreicher Auszubildender, bietet die Volksmusik eine dem Superlearning ähnliche moderne Lernmethode. Während die volkstümliche Musik Sie in eine Art Trauma versetzt, nimmt Ihr Unterbewußtsein die textlichen Botschaften ohne jedes Dazutun auf und verankert es im Langzeitgedächtnis Ihres Magens. Und *rucki zucki,* jodelt es auch bei Ihnen. Verstehe! Aus Ihrer Angst heraus, die ÖSELS könnten auf Sie pfeifen, wollen Sie singen lernen. Zum ersten bietet Ihnen die Post dazu einen umfassenden Service. Jeden Samstag hören Sie auf der Wiener Rufnummer 15 62 die „Volksmusikschallplatte des Tages". Damit Sie auf Anhieb den richtigen Ton treffen, wählen Sie die Rufnummer 15 09, und es erklingt der sogenannte Normalstimmton. Dieser vermittelt laut Auskunft den vom Bundesamt zur Verfügung gestellten Kammerton „a".

Zum zweiten habe ich für Fortgeschrittene ein kleines Lied getextet und komponiert, das Sie nun bei geschlossenen Fenstern und Türen üben dürfen.

Die vier Jahreszeiten

Benannt nach dem großen Meister vom Wiener Wald, *Wi-Waldi,* umkomponiert zu einem *volksdümmlichen Schlager.*

1. Der Frühling
Winter, Winter, vorbei ist der Winter,
ade, ade, ade ist der Schnee.

2. Der Sommer
Frühling, Frühling, vorbei ist der Frühling,
schadé, schadé, schadé, daß kein Schnee.

3. Der Herbst
Sommer, Sommer, vorbei ist der Sommer,
herrje, herrje, herrje-tzt gibt's bald Schnee.

4. Der Winter

He-herbst, He-herbst, vorbei ist der He-herbst,
wehé, wehé, wehé, 's gibt kein Schnee.

Sollte sich in Ihrer Lederhose noch immer nichts rühren, hier der berühmte original Sterzinger Andachtsjodler mit dem Originaltext „Tjotjoiri, tjotjoiri, tjoiriti, tjoieiri".

Tjo, tjo - i - ri, tjo, tjo i - i - ri,

tjo - i - ri - ti tjo - i - e - i - ri!

Sterzinger Andachtsjodler

169

Was Sie immer schon über den Ö-SEX wissen wollten!

Zeichnung: Edith Gmeiner

Leser-Tip:

Halten Sie in Österreich das Buch so, daß niemand erkennen kann, welches Kapitel Sie gerade lesen. Halten Sie weiters Ihren Kopf in der ihm üblichen Farbe. Geben Sie sich uninteressiert.

Der sexte Sinn

Österreich, das Land der weltberühmten Josefine Mutzenbacher, ist das Schlaraffenland der Liebe. Überall hängen *Früchtchen* schamvoll herum, reif, um *zerpflückt* zu werden. Zu langes Herumhängen durch ein Zuviel an Scham macht *Früchtchen* jedoch *unverschämt* faul. Woran es fault? Das Land der Berge verfügt über zu wenig mutige Gipfelstürmer, ist geschlechtskrank. Sex ist hierzulande so ein *Ding,* eine solche *Sache,* ein *gewisses Etwas.* Man spricht nicht gerne darüber. Zwei bis zweihundert Faktoren scheinen dafür verantwortlich. Zum ersten, wie soll es anders sein, die Religion. Vergeben Sie mir, daß ich sie immer wieder ins Spiel bringe, aber als *reliböser* Mensch fühle ich mich dazu verpflichtet.

Wie Gärtner Blumen züchten, so hat „der Keuschheitsgürtel der Nation", die römisch-katholische Kirche, der die meisten Unschuldslämmer dieses Landes angehören, zur Verhinderung der ihrer Befürchtung nach möglichen *Sexplosion,* eine immerwährende und unvergängliche Geschlechtsangst gezüchtet, die mittlerweile Millionen armer Seelen befallen hat.

Kaum ein Kind hört nicht von seinen Eltern, daß Spielen etwas Gutes, Spiele mit dem *Ding* aber sündig sind. Kaum ein Erwachsener, der nicht Probleme mit seinem *Etwas* hat. Kaum ein Sextreibender, der nicht in seiner Phantasie mehr treibt als auf freier Wildbahn. Kaum ein Moralapostel mit Kabelanschluß, der sich nicht „Tutti Frutti" hingibt. Auf diese Art entstand der Reim „So schön wie in der Phantasie, ist es im Land am Strome nie", und: „Die wahren Liebesabenteuer sind im Kopf".

Was der Mensch darf, aber vor allem, was er nicht darf, wird ihm von der Kirche eingeredet *(Moralpredigt)* und teils kraft Gesetzes untermauert[1]. Die Folge: Millionen Unschuldslämmer sind geschlechtskrank, was im eigentlichen Sinne eine Geisteskrankheit darstellt.

---

[1] So dürfen Homosexuelle beispielsweise hierzulande nicht heiraten. Etc., usw., u. v. a., u. ä . . .

172

So könnte sich eine Sexplosion auf die österreichischen Kinder auswirken.*
Cartoon: Gerhard Haderer

Umfrage der Zeitschrift „*Wiener*"

Ehebruch

Soll Ehebruch, der nach geltendem Recht noch immer gerichtlich bestraft werden kann, straffrei werden?

Nein, eher nicht	Nein, sicher nicht	Ja, sicher	Ja, eher schon
20%	**26%**	**22%**	**23%**

Kastration

Sollen unheilbare Triebtäter, wie Exhibitionisten, kastriert werden?

Nein, eher nicht	Nein, sicher nicht	Ja, sicher	Ja, eher schon
17%	**29%**	**26%**	**22%**

Zensuriert

+   Von der Kirche zensuriert

§   Gesetzlich zensuriert

=   Zensuriert von der Textilindustrie

///   BH-zensuriert (Bezirkshaupt-*mann-schaft*)

?   Zensuriert vom Verein „*Freiraum-einschränkung*"

Schon mal beim Roulette ein Kind gewonnen?

Die bitterste Pille für die römisch-katholische Kirche war und ist die Pille. Aber auch anderen *unnatürlichen* Verhütungsmethoden, wie dem heute wohl lebensnotwendigen Kondom², kann sie noch immer keine ansteckende Freude abgewinnen.

Papst Paul der *Sexte* empfahl als einzig in Frage kommende Verhütungsvariante die *Rhythmus-Methode*. Sie ermöglicht unsündigen Geschlechtsverkehr, der nicht zum Zeugungszwecke betrieben wird, in den relativ unfruchtbaren Tagen der Frau, in denen diese allerdings nachgewiesenermaßen mehr Sexfrust als Lust versprüht. Diese Verhütungsvariante für besonders Risikofreudige wurde im Volksmund als „römisches Roulette" bezeichnet.

Kaum einer also, der nicht sündigt, und somit immer mehr, die unter die schuldigen Räder der Kirche geraten. So heißt es, sich zwar sündig zu machen, aber nur so wenig wie notwendig. *Nicht unbedingt zeugen, aber unbedingt ohne Zeugen.* Ganz nach dem Motto: *Was Gott nicht weiß, macht ihn Gott sei Dank nicht heiß.*

Der zweite Krankheitsgrund, jedoch weit weniger von Bedeutung, ist ein klimatischer. Die langen Kälteperioden eines Jahres machen selbst muntere Menschen müde: Introvertiertheit durch Interniertheit in den eigenen vier Wänden. Südländer verfügen bekanntermaßen über ein ausgeprägteres Temperament. ÖSELS sind oft wie gelähmt. *Lamas in Pyjamas, müde statt prüde.*

> ❝ *In bezug auf Sex hinkt Österreich sehr wohl etwas nach. Der Deutsche ist da vergleichsweise wesentlich lockerer, er zieht den Schwanz erst im letzten Moment ein, wir ziehen ihn schon früher ein.* ❞

Stefanie Werger, Sängerin

---

² Im „Moralländle" Vorarlberg gab es noch bis vor nicht allzulanger Zeit ein Jugendschutzgesetz, daß das Aufstellen von Kondomautomaten mit der Begründung des „frühzeitigen Hinweisens der Jugend auf den Geschlechtsverkehr" verbot.

Das Vorspiel

Wie im Fußball, ist das Vorspiel im ö-sexuellen Bereich die Vorbereitung auf das Hauptspiel, nur wesentlich kürzer *(Sex is money)*. Österreichs Männer, die ÖMÄHS, lieben keine langen Vorspiele. Für Ö-SEX eignen sich demzufolge Reißverschlüsse besser als Knöpfe. Noch idealer sind Druckknöpfe. Erst kann man diese drücken *(Petting)*, dann aufreißen *(Happening)*.

Merke: Achten Sie auf die Beginnzeiten des Vorspiels. Diese sollten nicht mit dem Hauptabendprogramm im Fernsehen kollidieren.

Das Hauptspiel

Zwei oder mehrere Körper liegen einander gegenüber. Rein theoretisch könnte der *Relikt* sich nun vollziehen. Zieht es sich jedoch, empfiehlt sich, den Österreicher aus der Reserve zu locken. Er ist wie gesagt klimabedingt häufig eingefroren. Tauen Sie ihn auf, bitte aber keinesfalls im Mikrowellenherd.
Sie müssen versuchen, das Tierische in ihm zu wecken. Peitschen Sie ihn an, bellen Sie, geben Sie ihm *Frohlic*. Erst wenn er sich von Tabus befreit hat, sich *von der Leine gebissen hat,* wird er tierisch gut. Sie werden staunen, was Sie alles aus ihm herausholen können. Guter Ö-Sex braucht Weile, *lange Weile.*

Das Nachspiel

Sie dürfen sich wieder anziehen und gehen. Sollten Sie aber bleiben wollen, weil Sie sich beispielsweise in Ihrer eigenen Wohnung befinden, besorgen Sie einen Aschenbecher. Selbst Nichtraucher werden nach dem Verkehr gelegentlich zu Rauchern. Das erspart die Konversation. Sprechen Sie – im wahrsten Sinne des Wortes *um Himmels willen* – nicht über das Getane, es ist sowieso zu spät. Die Sünde ist über Sie hergefallen. Ich vergebe Ihnen. Lesen Sie zur Buße fünfmal dieses Buch.

Übliche Gesprächsführung vor, während und nachdem Sie sich aus dem Verkehr gezogen haben

Davor

„Mach bitte die Jalousien runter."
„Gut so?"
„Zieh auch die Vorhänge zu."
„In Ordnung . . ."
„Und jetzt mach das Licht aus."
„Verstehe."
„Was kommt im Fernsehen?"
„Nichts."
„Na, dann komm her."
„Vielleicht kommt doch was . . ."

Während

„Magst du das?"
„Ja."
„Darf ich das?"
„Ja."
„Soll ich vielleicht?"
„Ja."
„Soll ich nochmal . . .?"
„Nein, danke!"

Danach

„Was denkst du jetzt?"
„Nichts. Du?"
„Auch nichts."
„Ehrlich?"
„Ehrlich. Und du?"
„Gar nichts. Ganz ehrlich."
„Ehrlich nicht?"
„Nein, wirklich nicht."
„Versprichst du mir, daß du nichts denkst?"
„Ich verspreche es."
„Dann denke ich auch nichts. Versprochen."

Intellektueller Ö-Sex

Es gibt in Österreich Sex. Das dürfte nun selbst Ihnen bekannt sein. Und es gibt intellektuellen Ö-Sex. Das ist Ihnen neu. Es macht Sie zugegebenermaßen auch neu *gierig*. Der intellektuelle Ö-Sex hat seine Wurzeln nicht unter, sondern oberhalb der Gürtellinie, genau wie dieses Werk, im Kopf.

Intellektueller Ö-Sex, im folgenden kurz *Intellösex* genannt, beginnt ebenfalls beim Vorspiel, hat jedoch meistens auch ein Nachspiel: Partnerverlust. Somit wissen Sie vorab schon einmal, daß *Intellösex* für den einen Vor-, für den anderen Nachteile hat. Je nachdem, wie man zum Partner steht.

Von besonderer Bedeutung beim *Intellösex,* im folgenden kurz *IÖS* genannt, ist die Ratio. Während der tierische, prähistorische Ur-Sex, der sogenannte *Präservative,* vor allem durch das dem ÖSEL nicht schwerfallende Abschalten der beiden Gehirnhälften bestimmt wird, resultiert *IÖS* einerseits aus sonst selten anzutreffender, hellwacher Ratio-Qualität, andererseits aus kreativem Gedankengut. Wobei festzustellen gilt, daß mancher Partner dieses Gedankengut gar nicht so gut findet. Ich will Ihre Ratio nicht weiter mit schwieriger Theorie quälen. Praktische Beispiele sind es, die dem durchschnittlich begabten Leser die Materie am einfachsten begreifbar machen.

IÖS ist für *IÖSler* unvermeidbar. Er kann zwar durch gezielte Vorbeugung in der Intensität abgeschwächt, aber niemals vermieden werden. Vorbeugend wirkt alles, was nicht die Aufmerksamkeit der quickfidelen Ratio des *IÖSlers* erregt. Besonders geeignet sind schlichte, *gewöhnliche* Schlafzimmer, möglichst mit einem Bett ausgerüstet und nett schallisoliert. Das wichtigste: keine Spiegel! Stellen Sie sich vor, die hellwache Ratio sieht ihre nackten Tatsachen splitternackt im Spiegel. Tausende von Geistesblitzen erhellen im selben Moment das vorbeugend in *stockdunkel* gehaltene Schlafzimmer.

„Wie sehe ich aus? (Die Ratio betrachtet sich . . .) Sehe ich gut aus? Na meine Figur . . . so weiß, ich bin so schrecklich weiß . . . und der rote Kopf dazu . . . rot-weiß-rot . . . was mache ich hier überhaupt, bin ich das, dieses nackte, weiße *corpus delikti* mit rotem Kopf, glitzernden Augen und heraushängender Zunge? Tierisch primitiv . . .!"

Profi-IÖSler brauchen keine Spiegel. Sie haben alle vom Werbeplakat abweichenden Körperformen ständig scharf vor Augen.

Bildtafel I:
BEGRIFFE UND DEREN BEDEUTUNG

VATER

Wenn sich der Vater im Bett nicht ordentlich zudeckt, kann er einen steifen Hals kriegen. Man sagt dann: „Er hat **EINEN STEIFEN.**"

Weil Männer auf den Brustwarzen so kitzlig sind, nennt man diese einfach **KITZLER** (lat.: Clitoris).

Der lange braune Schlitz zwischen den Popobacken heißt **SCHEIDE.**

Das ist der Schaft (**VATER-SCHAFT**):

Das ist Vater's **SCHWEINDI** (manche sagen auch „Spatz", „Beutl" oder „Roter Heinzi" dazu). Damit kann er nicht nur lulu machen, sondern z. B. auch eine **FAMILIE GRÜNDEN.**

Das sind die lustigen **EILI.** Darin hat der Vater alle Kinder (die Sabine, den Thomas etc.). Außerdem kann er mit dem **EIERSACKERL** spielen, wenn ihm z. B. im Büro langweilig ist.

Das ist der **MUTTERMUND.** Damit gibt die Mutter dem Vater viele Busserl – aber nur, wenn er sehr brav war.

Das sogenannte **VORSPIEL** ist nach der **VORHAUT** benannt.

MUTTER

Die Ohren gehören zu den **EROGENEN ZONEN.** Deshalb kann man sich damit prima **SELBSTBEFRIEDIGEN** (masturbieren).

DIE SCHAMHAARE heißen so, weil sich die Frauen sehr **SCHÄMEN,** wenn sie stark behaarte Achselhöhlen haben.

Das sind die **DUTTERLN.** Brave Kinder tun gerne und oft **DUTTERLTRINKEN.** Auch der Vater tut die Dutterln gerne angreifen, wenn er guter Dinge ist. Einen solchen Vater nennt man **DUTTELHENGST.**

Das ist das **PFUIGACK** von der Mutter. Der Vater hat das Pfuigack sehr lieb und nennt es auch „Semmel" oder „Balkangeheimnis". **PFUIGACK** und **SCHWEINDI** mögen einander recht gut leiden, nur hat das Pfuigack monatlich ein **WEHWEH:** dann ist Schweindi meist böse und Vater sehr ungehalten.

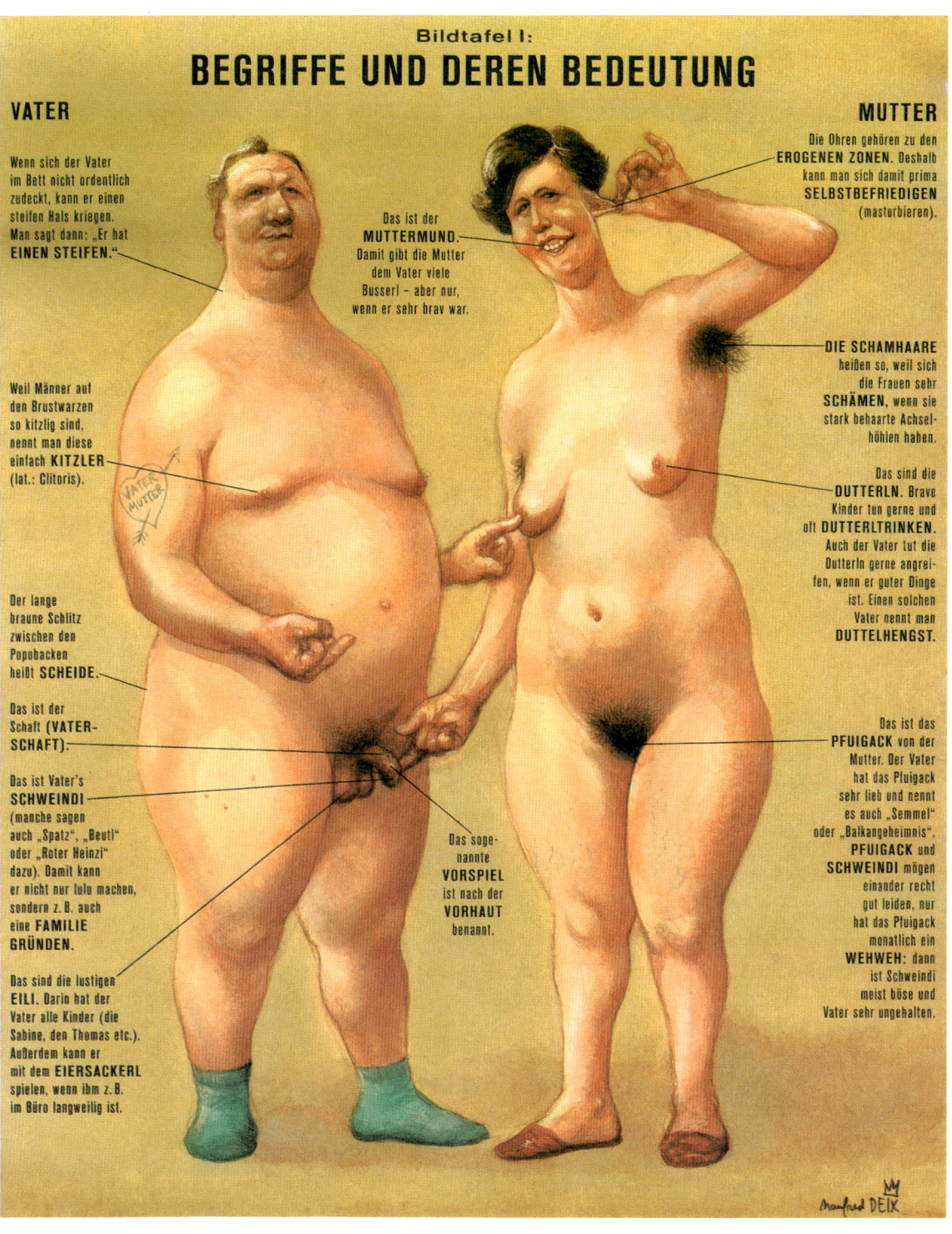

manfred DEIX

Der richtige Umgang mit *IÖSlern*

Bereits während des Vorspiels muß die Ratio wirksam bekämpft im Sinne von gedämpft[3] werden. Denn die vorwiegend beim männlichen *IÖSler* aufkommende Frage „Wird *er* auch wollen?" tritt schon im Vorfeld auf und verwandelt im Handumdrehen das Schlafzimmer zum *Schlaffzimmer*.

„Ist mein Leintuch sauber? Wurde gelüftet? Schwitze ich? Kann sie mich riechen? Ist der Herd abgeschaltet? . . . will sie überhaupt, beziehungsweise, will ich überhaupt – wenn ich kann, ist sie schon sechzehn? Habe ich Mundgeruch? Muß ich danach die ganze Nacht neben ihr liegen bleiben? Zuletzt schnarcht sie! Oder schnarche ich? Unmöglich, ich mache doch kein Auge zu, solange sie neben mir schnarcht . . ."

Vorbeugen ist besser . . .

Wie beugt man beim *IÖSler* vor? Der aufgeweckt vorlaute Leser wird sagen: „Ganz einfach, man stellt ihn gerade hin und beugt ihn dann langsam vor." Falsch. Und dumm. Vor allem dumm.

Zirka eine Stunde vorher gebe man dem IÖSler hochprozentige Dosen im Sinne von Getränken, die er Schluck für Schluck schlucken soll. Das hilft *hochprozentig*. Fortgeschrittenen *IÖSlern* verbindet man vor der modischen Demaskierung die Augen und schwächt das Gehör mittels *Öhropax*. Antidepressiva spielen im Nachspiel eine wesentliche Rolle. Legen Sie welche zurecht. Nicht nur für den *IÖSler*, für Sie. Bleibt noch darauf hinzuweisen, daß alle oben angeführten Maßnahmen medizinisch umstritten sind.

Trotz allem: Gönnen Sie sich ruhig einmal einen *IÖSler*. Man lernt nie aus. Und ab 1,5 Promille wird er höchsten Ansprüchen gerecht. Aber Vorsicht: Ab 1,6 Promille können erste Lähmungserscheinungen auftreten.

---

[3] Vorsicht Köche: Nicht mit dämpfen verwechseln

Die Umfrage

Ich habe keine Kosten und Mühen gescheut, um dem *unverschämten* Leser einen möglichst genauen Einblick in die österreichische Triebfeder zu gewährleisten. Eine Umfrage schien mir von *Nötigung*. Hier die von mir persönlich *hochverrechneten* vorläufigen Ergebnisse:

Frage 1:
Was turnt einen ÖSEL an?

39 %: Schweizer Franken.
36 %: Tutti Frutti.
13 %: Scharfes Gulasch.
11 %: Ich turne nie (Unkenntnis der englischen Sprache).
 1 %: Mein Partner.

Frage 2:
Wie reagieren Sie auf nackte Österreicher?

41 %: Ich bete für sie.
18 %: Ich erstatte Anzeige.
17 %: Ich vertreibe sie mit einem lauten „HÜAH!"
14 %: Ich überstelle sie in die Sauna.

Frage 3:
Was ist für Sie der „G-Punkt"?

55 %: Das ist der Gipfel!
28 %: Ich verstehe die Frage nicht.
17 %: Der Punkt, an dem ich *G-he.*

Frage 4:
Wie oft üben Sie Sex?

28 % Männer: Immer, wenn meine Frau nicht zu Hause ist.
46 %: Wenn nichts im Fernsehen kommt. Gar nichts.
 7 %: Theoretisch oft. Praktisch nie.
12 %: Mit wem?

Frage 5:
Fühlen Sie sich durch Ihre Religion sexuell eingeschränkt?

62 %: Nein. Ich kann doch beichten.
19 %: In Österreich nicht. Ich bin nämlich nur *römisch*-katholisch.
17 %: (Frauen) Wieso? Ich nehme doch die Pille.
 2 %: Wie meinen Sie, sexuell?

**Meinungsfreiheit: Gerti Senger, Sexberaterin,
attestiert dem Ö-Sex hochbefriedigende Wirkung.**

❞ *Die Österreicher sind als Liebhaber grandios, weil der Österreicher ja ein sehr spannungsgeladenes Geschöpf ist. Das ist natürlich für den Sex sehr gut, da kommen viele Facetten zum Vorschein; einmal kann er sehr dünnhäutig sein, dann kommt wieder der Macho zum Vorschein. Er hat da sehr viele Rollen, und das ist für den Sex äußerst belebend. Ich würde sagen, die Österreicher sind gut drauf, was Liebe und Sex anbelangt. Und erst recht die Frauen, die sind überhaupt gigantisch.*
Der Österreicher ist ein sinneslustiger Mensch. Einer, der gern ißt – der Selbstmord mit Messer und Gabel paßt herrlich. Er geht sicher bis zum Äußersten, zumindest was die orale Sinneslust betrifft. Ich glaube aber nicht, daß er ein Ästhet ist, man muß ja bei Sinneslust alle Sinne berücksichtigen, dafür dürfte er wieder ein gutes künstlerisches Gespür haben. ❝

182

Das Wandern ist des ÖSELS Lust

Ich gehe davon aus, daß Sie in die Berge wollen und Beine haben. Beachten Sie nach Überprüfung dieser unerläßlichen Voraussetzungen folgende Bergsteigerregeln:

1. Tragen Sie beim Wandern über 1500 Meter Höhe niemals Lackschuhe. Diese könnten im direkten Kontakt mit Felsbrocken verletzt werden. *Brocken* Sie sich das nicht ein.

2. Überprüfen Sie vor sehr schwierigen Gratwanderungen, inwieweit Sie über die notwendige Schwindelfreiheit verfügen. Stellen Sie sich dazu auf das Dach eines Hochhauses, treten Sie an den äußersten Rand des Ruins, wippen Sie locker pfeifend vor und zurück, ja spukken Sie zum Zeichen Ihrer Unbeeindrucktheit hinunter und verfolgen Sie verächtlich das Aufklatschen Ihres unerschrockenen Speichels.

3. Berechnen Sie die Dauer Ihres *Wander-Trips*. Dieser sollte Ihre Gesamturlaubszeit in Österreich nicht überschreiten.

4. Falls Sie Brillenträger sind: Nehmen Sie Ihre Brille mit.

5. Falls Sie Pianist sind: Nehmen Sie Ihren Flügel *nicht* mit.

6. Klettern Sie über 5000 Meter Meeresspiegel, Sauerstoffgeräte nicht vergessen. Übrigens: In Österreich befinden Sie sich auf dieser Höhe längst nicht mehr.

7. Achten Sie immer auf einen sicheren Tritt und eine gleichbleibende Schrittfolge: Auf den linken Fuß folgt immer der rechte und umgekehrt. (Üben!!)

Mountainhome: Bergtraining zu Hause

Sie sind der Meinung, diese Tips waren Spitze? Richtig. Doch ohne Training kommen Sie nie auf die Spitze. Daraus folgt: Spitz werden auf die Spitze. Umsetzung: Mit Tafelspitz? Falsch. Richtig: Mit Spitzentraining. Wie? Folgt.

Bauen Sie sich aus Stühlen, Tischen, Schränken und ähnlichem einen kleinen Hausberg. Bedecken Sie dieses Gebilde mit mehreren Leintüchern, die Sie zuvor grün anmalen. Für besonders Naturgetreue: Schneiden Sie Schluchten und Felsrisse in die Tücher und befestigen Sie am Höhepunkt ein Gipfelkreuz.

Taufen Sie zum Zeichen der Echtheit Ihren Berg auf *Hoher Kühlschrank, Große Lederhose* oder *Drei-Käse-Hoch.* Nehmen Sie einen Wollknäuel und spannen Sie mehrere Bahnen vom Boden zum Gipfel. Schließlich streuen Sie noch Zigarettenkippen über das Gebilde. Nun haben Sie ein naturgetreues Modell eines österreichischen Berges mit Sessellift.

Übung

Besteigen Sie dreimal täglich nach dem Essen Ihren Hausberg. Ich betone Haus-BERG!

Wandertip für die Praxis

Packen Sie ein paar Stückchen Würfelzucker ein. Vielleicht treffen Sie bei Ihrer Wanderung auf einen ÖSEL. Dieser freut sich aber über neumodische technische Spielereien, wie beispielsweise einen Spiegel *(nicht bei IÖSlern!)* oder eine elektrische Zahnbürste (unbedingt Gebrauchsanweisung dazugeben) ebenso.

Begegnung mit Alpin-Tieren

Auf der Alm, trara: Die österreichische Berg- und Talkuh

Die österreichische *Berg- und Talkuh* grast im Tal und grast am Berg. Nicht, daß Sie jetzt denken, sie nimmt Drogen. *Grasen* bezieht sich bei Kühen auf ein ganz natürliches, ja menschliches Versagen: auf Hunger und Durst. Das ist es jedoch nicht, wovon ich sprechen will. Unsere *Berg- und Talkühe* sind mutigere Rindviecher als Sie und ich. Während sie dahingrasen, haben sie stets ein wachsames Auge und *erhaschen* alles, was um sie herum geschieht.

Es war einmal – an einem Julitag in Lech am Arlberg. Ermattet von einer langen Wanderung, wollte ich die letzten Sonnenstrahlen eines strahlenden Tages auf mein strahlendes Antlitz fallen lassen. So sank ich in das sanfte Gras einer strahlend grünen Wiese und sann über den Sinn des Daseins. Hundert Meter von mir entfernt fristete eine Kuhherde ihr gefräßiges Dasein. Plötzlich wurde ich vom Auge einer solch wachsamen Berg-und Talkuh entdeckt. Da die Größe und das Gewicht einer Kuh mich schon als Kind beeindruckend beunruhigten, war auch mein Doppelauge wachsam.

Die Kuh rappelte sich auf, mich ständig im Visier, keine Sekunde aus den Augen lassend, und trabte zielsicher in Richtung meiner Wenigkeit[1]. Erst glaubte ich, sie wolle nur ihren Grasungsplatz, ihr *Terratorium,* wechseln. Doch unbeirrt kam sie immer näher, und ihr Blick verhieß nichts Gutes. Wenige *Augenblickmeter* vor mir machte sie halt, um mir noch einen Moment Bedenkzeit, eine Art *letzte Zigarette,* einzuräumen.

Ich blickte in ihre entschlossenen Augen, die vor Selbstvertrauen nur so muhten, und erhob mich ehr-fürchtig in Zeitlupe, wie ein amerikanischer Kinoganove, der, soeben von Cops mit den Waffen im Anschlag auf frischer Tat ertappt, keine falsche Bewegung machen darf. Die Kuh fauchte, knurrte mich an, stampfte mit den Hinterpratzen, ganz nach dem Vorbild ihrer spanischen Stierkampfkollegen.

Die Entscheidung nahte, mein entscheidender Fehler folgte. Ich nahm hurtig meinen Rucksack und rannte so schnell, wie ich es bislang nur von den Leichtathletikübertragungen aus dem Fernsehen kannte, auf und davon – dachte ich zumindest. Das tonnige Kühchen schien eine von diesen Leichtathletinnen persönlich zu sein. Sie kam näher und näher, ich sprang tapfer hinter einen Baum. Sie stand mir gegenüber. Machte ich einen Schritt nach links, kam sie von rechts. Und umgekehrt. Und umgekehrt. Und umgekehrt. Von wegen „blinde Kuh"! Dieses Spiel wiederholten die flinke Kuh und ich einige Male, bis ich bemerken mußte, daß sich noch ein zweites Killerkühchen so sehr

---

[1] Ich neige zu Übertreibungen

an unserem munteren Treiben zu erfreuen schien, daß es sich eben-falls aus der bimmelnden Herde löste und auf mich zu(g)raste. Im Stile einer Kartenlegerin erahnte ich, was die Stunde der Wahrheit geschla-gen hatte. Das Kuhpaar gedachte mir Hörner aufzusetzen, mich zum Spieß zu drehen. Ich mußte den Spieß umdrehen. Aber wie?

Just in diesem Augenblick hörte ich, *Auto sei dank,* ein Gefährt das nahe liegende Bergsträßchen hinaufstottern. Ohne an Wim Tölke zu denken, erkannte ich meine *große Chance* und rannte los, gefolgt von meinen beiden aufdringlichen Fans (Leser?). Ich lief direkt vor das Auto, das quietschend zum Stillstand kam, genau wie meine beiden Fans. Sie hatten erkannt, daß sie ihr Spiel verloren hatten. Berechtigter Stolz kam unter anderem in mir hoch.

Seit jenem Tag bringt mir jede Glocke, ob Kuh-, Haus oder Käse-glocke, diese wahre Geschichte in *alptraumatische* Erinnerung. Im-mer und immer wieder muß ich sie wiederkäuen. Trotz allem ist es mir bisher versagt geblieben, Milch zu schenken. Kein Happy-End à la Hollywood, wie Sie sehen.

Merke: Nicht alle Kühe sind fromme Lämmer!

Kuh griff kleines Mädchen an

Bregenz (VN) Mit einer schwe-ren Kopfverletzung endete am Mittwoch für ein fünfjähriges Mädchen aus Höchst ein Kinder-gartenausflug auf den Pfänder. Das Kind war am Bregenzer Hausberg von einer Kuh attackiert und zu Boden gestoßen worden. Die Kindergartengruppe hatte bei einer Rast mit weidenden Kühen gespielt, als eines der Tiere plötzlich wild wurde und zum Angriff überging. Das Mädchen wurde zu Boden gestoßen und schwer am Kopf verletzt. Eine ebenfalls attackierte und von der Kuh niedergestoßene Aufsichts-person kam bei dem ungewöhn-lichen Zwischenfall unverletzt da-von.

Artikel aus den „Vorarlberger Nachrichten"

BERGVIEHCHER

Tone Fink 82

Eine Bitte im Namen aller Kühe an alle *Rindviecher:* Verhalten Sie sich Kühen gegenüber möglichst normal und so nett, wie Ihnen von Natur aus möglich. Denn woher, glauben Sie, haben manche Brauntiere ihre Verhaltensstörungen? Vom *Gras* sicher nicht.

Franz Vranitzky mag keine „Wildschweine"...

💬 ... die einem auf'm Schienbein stehen und dir auf die Schulter klopfen mit 130 Druck und versichern, wie gern sie dich haben. 💬

Das Murmeltier

Ebenfalls in Lech am Arlberg, nur wenige Tage später. Ohne Seil und Sicherung klettere ich eine Alpinstraße bergauf, Richtung *Kriegerhorn*. Ein lauter Pfiff ertönt. Furchtlos und leichenblaß verharre ich, ehe ich mich weiterschleppe. Wieder ein Pfiff. Und wieder einer. Ich blicke mich weitsichtig um, kann aber keine Frauen entdecken. „Warum pfeifen sie mir nach und verstecken sich dabei? Ist das das rituelle Vorspiel (Sexperiment) der Bergbäuerinnen?" Da trifft wie von Geisterhand ein Geistesblitz einen blitzgescheiten Menschen: Mich. „Es sind Murmeltiere!"

Der Bär der Ö-3-Moderatorin Brigitte Xander

Das Bild, das Brigitte Xander vom Österreicher entwirft, erinnert etwas an einen leicht einfältigen Bären, der schnell reizbar wird, wenn es aber darauf ankommt, auf dem „Wasserkopf" einen Maulkorb trägt. Wie erfolgt nun die Kontaktaufnahme mit diesem Wesen?

💬 *Wenn man ihn nicht kennt, nähere man sich ihm vorsichtig; man darf ihn auf keinen Fall mit irgend etwas überfallen, und man muß ihm immer eine Rückzugsmöglichkeit lassen.*💬

Dem Herrchen hingegen folgt er, zwar brummend,

💬 *aber er macht dann doch das, was ihm vorgeschrieben wird.* 💬

188

Wie steht es nun mit der Reizbarkeit?

99 *Der Streit endet sicher nicht tödlich, auch nicht im übertragenen Sinn. Man streitet halt gern, und man raunzt auch gern, aber man nimmt's nicht so tierisch ernst.* 66

Bei aller Sympathie nun für diesen brummeligen Zeitgenossen – elegant ist er offensichtlich nicht.

99 *Im Durchschnitt kann man den Österreicher nicht als schick bezeichnen. Er stellt seine Bequemlichkeit über Kleidervorschriften.* 66

Zweckdienliche Hinweise

Für weitere Bergfragen wenden Sie sich bitte an den österreichischen Alpenverein *Alpe Noah*.

Die Studie zum richtigen Umgang mit einem Österreicher!

Erarbeitet von Dr. Erwin Ringel

Zuerst erkundigen Sie sich, wie der Österreicher in der komplizierten Stufenleiter der Hierarchie einzureihen ist. Wenn Sie es erfahren haben, wissen Sie, wie er gewohnt ist, mit anderen Menschen umzugehen.

Steht er „unten", wird er bereit sein, die Position eines ergebendsten Dieners einzunehmen und sogar vorauseilenden Gehorsam bis zur Unterwerfung gehend zu leisten. Ist er hochgestellt, müssen Sie damit rechnen, daß er Sie arrogant näselnd (ein Residualeffekt des alten Adels) von oben herab behandelt.

Wenn Sie etwas von ihm wünschen, so stellen Sie sich darauf ein, daß es nur über den Weg der Protektion oder eines entsprechenden Bakschischs zu erreichen ist. Halten Sie sich möglichst verdeckt und deklarieren Sie nicht Ihre Gesinnung, damit Sie ihm ja nicht unangenehm auffallen. Gesinnungsfreizügigkeit wird in Österreich wenig geschätzt.

Lernen Sie, viel zu reden und dabei möglichst wenig zu sagen. Denken Sie daran, daß in Österreich eine Tendenz besteht, sich weitgehend aneinander anzugleichen, wodurch zwar Spannungen scheinbar vermieden werden, aber das Klima einer Windstille im Sinne von Anton Pelinka entsteht.

Wenn Sie ein Gegner Hitlers waren und geblieben sind, verschweigen Sie es möglichst, denn noch heute werden Sie sonst vielfach als Verräter und ‚Zersetzer des Volkes' abqualifiziert: fürwahr! Wenn Sie im Land nach Denkmälern für die Widerstandskämpfer suchen, sind Sie ein Illusionist – Sie werden nur wenige finden. Aber jeder Ort hat eine Gedenkstätte für jene, die zwischen 1939 und 1945 für das Vaterland (welches?) und den Namen des schamhaft verschwiegenen Führers gefallen sind. Es muß also nachhaltig gefährlich sein, den

191

„Sonst ein netter Bürger." Zeichnung: Dieter Zehentmayr

Österreichern die Wahrheit zu sagen, sonst würde man nicht so unangenehm auffallen, wenn man es tut.

Der Österreicher wird Ihnen, wenn Sie bittstellig werden, alles versprechen. Aber noch, wenn Sie sein Zimmer verlassen, bemerken: ‚Der Dummkopf glaubt wirklich, daß ich für ihn etwas tun werde.‘ Es gibt viele Menschen, die an dieser Doppelgesichtigkeit zugrunde gingen, weil sie aus einer unbegründeten, aber doch vorhandenen Hoffnung jählings in den Abgrund grenzenloser Enttäuschung fielen.

Verlassen Sie sich lieber auf sich selbst, denn der Satz ‚Hilf dir selbst, dann hilft dir Gott‘ wird vom Österreicher stillschweigend ergänzt: ‚Ich helfe dir jedenfalls nicht‘. Gustav Mahler, der es wirklich wissen mußte, hat den dialektischen Satz geprägt: ‚Muß man denn hier erst tot sein, damit sie einen leben lassen?‘

Apropos Dialektik: Manchmal können in diesem Land auch Wunder geschehen, und gerade dann, wenn Sie es am wenigsten glauben. Das Unmöglichste ist hier nicht nur im Negativen, sondern auch gelegentlich im Positiven möglich.

Noch vor zehn Jahren hat ein Drittel aller Österreicher gesagt: Strenge Autorität ist großartig, denn dadurch entsteht Gerechtigkeit; nun glauben das nur mehr zehn Prozent, ein Fortschritt gegen die angemaßte Autorität, der aufhorchen läßt. Wenn sich nicht dahinter eine falsch verstandene Form der Individualität verbirgt: nämlich, daß man seinen Individualismus gegen andere gewaltsam durchsetzt.

Seien Sie aber trotzdem optimistisch und versuchen Sie, die Entwicklung dieser Tendenz so zu deuten, daß es nun eher möglich wird, in der Kinderstube, in der Schule, in der Beziehung zwischen Mann und Frau, im Berufsleben seine wahre Auffassung zu zeigen, keine Maske mehr tragen zu müssen und nicht ja sagen zu müssen, wo man nein denkt.

Ludwig Wittgenstein hat gesagt: ‚Ich glaube, das gute Österreichische ist besonders schwer zu verstehen, es ist in gewissem Sinne subtiler als alles andere, und seine Wahrheit ist nie auf der Seite der Wahrscheinlichkeit!‘

Man sieht also: Der Österreicher ist sehr kompliziert, und der Umgang mit ihm dementsprechend ein Hasardspiel. 🔴🔴

Ora et labora

Ihre Diplomarbeit

Illustration: Sokol

Gratulation! Sie haben es weit gebracht in Ihrem Leben und stehen unmittelbar vor einem *ordentlichen Abschluß[1]*. Ich gehe davon aus, daß Sie alle Kapitel ohne zu kapitulieren und ohne die Hilfe Ihres Rechtsanwaltes beansprucht zu haben, kapiert haben.

Nun wollen Sie Ihre Mühe mit einem ordentlichen Titel belohnt wissen und schreiten mutig und mit gähnender *Leere* in Ihrem Kopf zur Diplomarbeit. Meine *tiefste* Hochachtung.

Statuten

Sie verfügen exakt über rund vier Stunden Zeit. Es ist Ihnen während der Arbeit untersagt, in Ihrem Buch nachzuschlagen, einen *Taschensprecher* oder andere Schwindelzettel zu verwenden. Sollten Sie beim Abschreiben *inflagrantig* ertappt werden, können Sie Ihr Diplom ebenfalls abschreiben und sich einen Titel abschminken. Zusätzlich wird Ihr Buch ohne Rückerstattung des Kaufpreises eingezogen und amtlich vernichtet[2].

Die Diplomarbeit kann ausschließlich an Werk-, Sonn- oder Feiertagen angetreten werden. Den gewünschten Termin müssen Sie sich zehn Tage zuvor mittels eingeschriebenem Brief persönlich mitteilen.

---

[1] Bitte nicht suizid werden
[2] Gleichbedeutend mit weiterverkauft

Diplomarbeit

1. Was sind „Wienerle"?

a) Wienerle sind Frankfurter . . .   *0 P.*
b) Wienerle sind Berner . . .   *1 P.*
c) Wienerle sind Hamburger . . .   *2 P.*
d) Wienerle sind echte Wiener . . .   *3 P.*

2. Was bedeutet „Södomie"?

a) Österreichische Tierliebhaberei . . .   *0 P.*
b) Ein tierisch ländliches Vergnügen . . .   *1 P.*
c) Ein Fremdwort? . . .   *2 P.*

3. Was signalisiert dieses Verkehrszeichen?

a) Nur für Fahrer ab 30 . . .   *0 P.*
b) Alles Gute zum 30. Geburtstag . . .   *2 P.*
c) Vorsicht, dreiste Fahrbahn . . .   *1 P.*

4. Was ist eine Schneekanone?

a) Franz Klammer & Co . . .   *1 P.*
b) Eine *östrologische* Bezeichnung . . .   *0 P.*
c) Die österreichische Antwort auf das amerikanische Weltraum-
   abwehrsystem „SDI" . . .   *2 P.*

5. Wie reagieren Sie, sollten Sie von einem Vorarlberger mit „Heil" begrüßt werden?

a) Ich hebe die rechte Hand und (h)eile zurück . . .   *2 P.*
b) Ich erhebe Führungsanspruch . . .   *0 P.*
c) Ich falle vorsorglich in Ohnmacht . . .   *1 P.*

197

6. Ein ÖSEL mit nasser Aussprache spuckt Ihnen während des Gesprächs dauernd ins Gesicht. Was will er Ihnen damit sagen?

a) Er ist ein Lama . . .   *0 P.*
b) Er hält mich für einen Politiker . . .   *1 P.*
c) Er will mich gießen . . .   *2 P.*

7. Was nimmt eine Ö-KUH zu sich?

a) Sie raucht Gras . . .   *2 P.*
b) Sie grast alles ab, bis sie raucht . . .   *1 P.*
c) Milch? . . .   *0 P.*

8. Sie erleiden eine traurige Panne im Arlberg-Straßentunnel. Was tun Sie?

a) Ich verstehe die Frage nicht . . .   *2 P.*
b) Ich verstehe die Frage, weiß aber keine Antwort . . .   *1 P.*
c) Ich ergebe mich einem ÖSEL . . .   *0 P.*

9. Sie sind von einem Österreicher zum Essen eingeladen.

a) Ich nehme an, gehe aber nicht hin . . .   *0 P.*
b) Ich nehme an, er will mich vergiften . . .   *2 P.*
c) Ich nehme an, lehne *ihn* aber ab . . .   *1 P.*

10. Bei einem Badeurlaub am Wörthersee ertrinken Sie jämmerlich. Was nun?

a) Ich tauche unter . . .   *0 P.*
b) Ich verständige zuerst meine nächsten Verwandten . . .   *1 P.*
c) Ich melde mich behördlich ab . . .   *2 P.*

Testergebnis

0 Punkte

Sie haben alles richtig und doch nichts richtig verstanden. Ich verleihe Ihnen den Titel *„Doktor null"*, *Dr. 0.*

1–12 Punkte

Sie sind fehleranfällig. Dadurch sind Sie für dieses Land gut geeignet. Ihnen gebührt der Titel *„Doktor fehl"*, *Dr. ?.*

13–21 Punkte

Sie haben alles falsch und damit vieles verstanden. Ihr *ausgezeichneter* Titel: *„Magister Austria"*.

Über 21 Punkte

Sie haben sich verrechnet. Die höchstmöglich erreichbare Punktezahl ist 21. Trotzdem ein Titel: *„Diplomvolkstrottel"!*

Übertragen Sie nun Ihr Ergebnis in Ihr *Diplöm*.

DIPLÖM

Ich _____

geboren/reinkarniert

am _____

habe nach reiflichem Studium des richtigen Umganges mit einem Österreicher, den ordentlichen Abschluß mit der Auszeichnung

_____

erfolgreich bestanden.

Diese *Diblamierung* berechtigt mich, mit jeglichem *ÖSEL* zu verkehren, gleich in welcher Stellung sich dieser befindet. Als eventueller Ausländer nehme ich zur Kenntnis, daß das Diplöm weder eine ordentliche Aufenthalts- noch Arbeitserlaubnis ersetzt, mich jedoch um diese, falls vorhanden, wesentlich erleichtern kann.

Die Eintragung des durch meine *irrationale* Leistung erworbenen Titels in meinen Reisepaß bedarf nach eingehender Prüfung durch den Rechnungshof lediglich der Zustimmung des Innenministeriums, der Bezirkshauptmannschaft, der Studienbehörde, der Wirtschaftskammer, der Bundesaufsichtsbehörde sowie der Bundeskontrollbehörde. Anschließend werde ich ohne mein Zutun in die Akademiker-Vollzugsanstalt eingeliefert.

Di-Rektor

Der Di-Rektor

Bundespflanzer

Der Bundespflanzer

Bruno

Der Oberschwulinspektor

Der Kardinalfehler

Erste Hilfe

Angenommen, ein *Bizeps-ÖSEL* will trotz Ihrer Titulierung kein gutes Wort für Sie einlegen. Im Gegenteil: Er will sich mit Ihnen anlegen. Was tun?

❝ *Er soll das Buch ‚Der richtige Umgang mit einem Österreicher‘ nicht lesen. Wir mögen bunte Hunde, sie sollen sich nicht anpassen.* ❞

Schlechter Tip von Boris Bukowski

Erste-Hilfe-Ratschlag für Ausländer: Ein *Kunststück* von ORF-Moderator Dieter Moor (Schweizer)

❝ *Also, ich würde ihm oder ihr schon den Tip geben, vor allem, wenn diese Person aus Zürich oder Hamburg kommt, wo ja doch ein direkter und offener Umgang miteinander stattfindet, zuerst ein Buch zu studieren, wie: ‚Die hohe Schule der Diplomatie‘ oder ‚Wie sage ich etwas Böses, ohne etwas Böses zu sagen‘. (Oder ‚Der richtige Umgang mit einem Österreicher‘, anonyme Anmerkung).*
Es kann gar nicht schaden, sich früh genug darauf einzustellen, auf welch charmante Art sich die Leute hierzulande die ärgsten Dinge so einfach ins Gesicht sagen. Als ich damals nach Wien kam, war ich zuerst geschockt. Man sollte da als Newcomer gegen so einiges gewappnet sein. Wenn man aber versucht, sich daran zu gewöhnen und das Ganze einfach als Spiel versteht, das doch einiges an Intelligenz und Humor verlangt, kann es sogar Spaß machen. ❞

Die zehn klassischen Rat-*Schläge* zur Selbstverteidigung gegen aufdringliche ÖSELS[1].

1. Klatschen Sie dem ÖSEL auf das Hinterteil und rufen Sie „Hüa hott!" Mit dieser Geste gewinnen Sie Sympathie.

2. Nun können Sie sich voll und ganz auf die Abwehr konzentrieren. Gehen Sie vorab mit einem „Scheiß-Piefkes" in Deckung.

3. Das Reichen Ihres kleinen Fingers reicht vollkommen aus, um die rechte Hand zu verlieren. Arbeiten Sie deshalb mit Prothesen.

4. Setzt der Bösel seine Aufdringlichkeit fort, hilft in vielen, aber längst nicht allen Fällen eine einfache Faust-Abwehr. *Sein oder nicht sein* . . .

5. Arbeiten Sie bevorzugt defensiv. Trennen Sie sich freiwillig einen Finger ab und täuschen Sie Lepra vor.

6. Auch der Verzehr von Knoblauch oder Kässpätzle richtet weniger Schaden an als aggressive Schwedenbomben oder Mozartkugeln.

7. Sprechen Sie um ÖSELS *willen* nicht hochdeutsch, aber auf gar keinen Fall indianisch. Allein das indianische Begrüßungswort „How!" kann *schlagkräftige* Folgen für Sie haben.

8. Gut bewährt hat sich das Vorgeben von verwandtschaftlichen Verhältnissen. Klopfen Sie sich dazu mit beiden Fäusten kräftig auf die Brust.

9. Schwärmen Sie von Mozart und von Schubert. Sollte der ÖSEL nicht reagieren, teilen Sie ihm mit, daß es sich bei diesen um seine Landsleute handelt.

10. Sollte der ÖSEL weiter versuchen, Sie zu *melken,* bleibt Ihnen immer noch die selbstachtende (Er)Lösung mittels Harakiri. Sie werden den SCHNÖSEL damit tief beeindrucken. Ja, er wird richtig stolz auf Sie sein.

---

[1] Vorsicht, Brillenträger: Verlieren Sie beim Anblick eines aufdringlichen ÖSELS nicht die Fassung.

Bizeps-ÖSEL's bei der Kraftprobe.* Cartoon: Gerhard Haderer

Unglaublich, aber wahr:

Das *wunderbare* Erscheinungsbild des Autors

„ *Der Österreicher neigt dazu, Nabelschau zu betreiben, das heißt, er sieht in sich selbst die ganze Welt.* **"**

Josef Riegler, Vizekanzler anno 1991

Sie sind am Ende. Am Ende eines himmlischen Werkes. Es ist nur verständlich, daß der Autor für Sie zum Grundnahrungsmittel, kurz *GURU,* wurde. All jenen, die den Wunsch hegen, in diese Sekte einzutreten, also *Insekten des richtigen Umganges* zu werden, stellt der Autor ein herrlich mysteriöses Selbstbildnis zur gefälligen Verherrlichung zur Verfügung.

Gebrauchsanweisung: Starren Sie, ohne mit der Wimper zu zucken, dem Autor auf die Nase (Fixpunkt suchen) und zählen Sie langsam bis vierzig (wem vierzig zu viel ist, der zähle zweimal bis zwanzig, viermal bis zehn, achtmal bis fünf oder vierzigmal bis eins). Blicken Sie anschließend auf einen weißen Plafond oder in den Himmel, wiederum starr auf einen Punkt. Nach einigen Sekunden wird Ihnen der Autor *erscheinen*. Danach tritt er kurz ab, um bald darauf wieder zu *erscheinen*. Und wieder. Und wieder.

Leserbriefe, Glückwünsche, Gratulationen, Liebesbriefe, Heiratsanträge, One night-Bewerbungen, Duell-Ansuchen und sonstige Post an den verzogenen Autor richten Sie bitte an

Thomas Rhomberg
c/o Verlag Orac
Niederhofstraße 37
A-1120 Wien

> **Also einen Österreicher nicht kritisieren lassen, das heißt, ihn kastrieren.**

Gerti Senger, österreichische *Sexpäpstin*

Versehrter Rezensent!

Ich weiß, Sie haben es schwer. Sie sollten eine Kritik über etwas schreiben, das Sie kaum zu *be-schreiben* imstande sind. Etwas Unbeschreibliches beschreiben ist wahrlich schwer. Um einer Kastration zu entgehen, *müssen* Sie dieses undefinierbare Etwas − und etwas ist es auf jeden Fall − kritisieren, das ist Ihre Selbstberufung. Messen Sie es doch am Inhalt: Gut recherchiert, detailgenau beschrieben, den Österreicher unter der Gürtellinie auf den Kopf getroffen.

Sie fragen sich jetzt sicher, wie ein einzelner Mensch, noch dazu ein Mann, eine *Spezies,* die ihm selbst zu eigen ist, so präzise *analysieren* kann. Die Antwort ist mir selbst unklar, wie so vieles nach diesem Buch.

Lassen Sie mich den Zweck des Ganzen mit den Worten Johann Nepomuk Nestroys ausdrükken: *„Bis zum Lorbeer versteig ich mich nicht. G'fallen sollen meine Sachen, unterhalten, lachen sollen d'Leut, und mir soll die G'schicht a Geld tragen, daß ich auch lach, das ist der ganze Zweck."*

Nestroy
als „Wilibald".

„Wenn man auch Alles
kann, stell'ns Ein'n erst
nirgends an, –– das muss
Ein'n antreib'n, ein Esel
zu bleib'n."

Im Verlag nie erscheinende Humorbücher
aus der Reihe „*Der richtige Umgang*":